Türkçe Öğreniyoruz III

Türkçe - İngilizce
Anahtar Kitap

Nur Yamaç - Isabella Akıncı

engin yayınevi

engin yayınevi

ISBN   975-7287-59-8

Engin Yayınevi	:	Selanik Cad. 28/6 06650 Kızılay / ANKARA
Tel	:	419 49 20 - 419 49 21 Fax : 419 49 22
Basım Tarihi	:	Temmuz 1995
Basımevi	:	Rekmay Ltd.
Hazırlayanlar	:	Nur Yamaç - Isabella Akıncı

1	**TATİL PROGRAMI**	:	**HOLIDAY PROGRAMME**
7	tatil yapmak	:	to have a holiday, to go on holiday
	aynı şekilde	:	in the same way
	konuşmak	:	to talk
	karar vermek	:	to decide
	ısrar etmek	:	to insist on
	hem... hem de	:	both... and... (...and..., too)
	tarihî eser	:	historical works
	birkaç	:	a few, a couple
	bir yerde kalmak	:	to stay somewhere
	yakın yerler	:	nearby places
	gezmek	:	to go about, to travel, to cruise (on a ship)
	uzun uzadıya	:	extensively
	tartışmak	:	to discuss
	turizm acentesi	:	travel agency
	bir şey sormak	:	to ask a question
	dikkatle dinlemek	:	to listen carefully
	gülerek	:	smilingly, with a smiling face
	tavsiye etmek	:	to advise
	yat	:	yacht
	yata binmek	:	to board a yacht
	sahil boyunca	:	along the coast
	antik kent	:	antique city
	bir şeye rastlamak	:	to come across something
	ıssız ada	:	desert island
	gürültü	:	noise
	kafa dinlemek	:	to rest in a quiet place
	anlaşmak	:	to come to an agreement
	MAVİ YOLCULUK	:	**THE BLUE CRUISE**
9	güneşin doğması	:	sunrise
	teknek	:	boat
	uyumak	:	to sleep
	güneş	:	the sun
	altın bir küre gibi	:	like a golden sphere
	gece	:	night
	karanlık	:	darkness
	bir şeyi yok etmek	:	to make something disappear
	köpük	:	foam
	ilerlemek	:	to move, to go forward
	rüzgar	:	the wind
	saç	:	hair
	bir şeyi okşamak	:	to caress (or stroke) something
	balık	:	fish
	güneşin ilk ışıkları	:	the first rays of the sun
	bir şeyle yarış yapmak	:	to race against something
	teknenin sağ yanında	:	on the right side of the boat
	yunus balığı	:	dolphin, porpoise
	gözlerine inanamak	:	not to be able to believe one's eyes
	bir şeyin peşine takılmak	:	to follow up something
	suya dalmak	:	to dive into the water
	takip etmek	:	to follow, chase
	manzara	:	scenery, view
	büyülenmek	:	to be entranced with
	rüya	:	dream
	sanmak	:	to think, to suppose
	uçsuz bucaksız	:	endless, vast, large
9	Çay hazır mı?	:	Is the tea ready?
	kızmak	:	to get angry with someone
	uykulu	:	sleepy
	gözleri oğuşturmak	:	to rub one's eyes
	kahvaltı hazırlamak	:	to prepare breakfast
	balık yakalamak	:	to catch fish
	olta	:	fishing tackle
	güneşin yükselmesi	:	the ascension of the sun, sunrise

açık deniz	: the open sea
yol almak	: to move forward
kaptan	: captain
motor gürültüsü	: the noise of the engine
tam yol	: at full speed
hoşlanmak	: to be fond of
kıyıya paralel	: parallel with the shore
yavaş yavaş	: slowly
hareket etmek	: to move, to set off
Deniz de insanlara benzer.	: The sea is like a human being, too.
genellikle	: usually
denizin durgun olması	: the sea's being calm
dalga	: a wave
perişan olmak	: to become miserable
bir yere varmak	: to reach somewhere
hak vermek	: to admit the right (justice) of
yardımcı olmak	: to be helpful
çay hazırlamak	: to make tea
aşağı	: downstairs
kamara	: cabin
mutfak	: kitchen
güverte	: deck
servis yapmak	: to serve (a meal)
bu sırada	: meanwhile
sahil	: shore
demir atmak	: to cast anchor
sohbet etmek	: to have a chat

KEKOVA

10	araştırma yapmak	: to do research
	daima	: always
	sualtı araştırması	: underwater research
	özellik	: characteristic, feature
	dünyanın cenneti	: the paradise of the world
	Mavi Yolculuk	: The Blue Cruise
	en güzel	: the most beautiful
	durak noktası	: a place to stay
	enteresan	: interesting
	teknenin altında	: below the bottom
	kent	: city
	batık	: sunken
	duvar	: wall
	bir kısmı denizin dışında	: a section showing above the sea
	bir kısmı denizin içinde	: a section is under the sea
	bilim adamı	: scientist
	tahmin	: guess
	eskiden	: in the past
	deprem	: earthquake, earth tremor
	kale	: castle
	sağlam kalmak	: to remain undamaged
	antik tiyatro	: the Amphitheatre
	fotoğraf makinesi	: camera
	inanılması güç	: difficult to believe
11	Ne zaman?	: When?
	hiç kimse	: nobody
	bir zamanlar	: once upon a time
	kara	: land
	tip	: type, kind
	lahit	: sarcophagus
	kent	: city
	köy	: village
	halk	people
	sır	: secret, mystery
	merak etmek	: to be curious (about)
	bir a önce	: immediately, as soon as possible
	kahvaltı yapmak	: to have breakfast

4

aklı fikri bir şeyde olmak	:	all his thoughts are fixed on something
bir şeyler atıştırmak	:	to eat up quickly
çok az yemek	:	to eat very little
karnı zil çalmak	:	to be very hungry
henüz	:	yet
Kekova'da ne kadar kalacağız?	:	How long are we going to stay in Kekova?
en az	:	at least
iki gün ayırmak	:	to spare two days for
ziyaret etmek	:	to visit

DİLBİLGİSİ : **GRAMMAR**

12 **Bileşik Eylem Zamanları** : **Compound tenses**

Şimdiki zamanın hikâyesi : **Past Continuous (narrative)**

geliyordum	:	I was coming
geliyordun	:	You were coming
geliyordu	:	He (She) was coming
geliyorduk	:	We were coming
geliyordunuz	:	You were coming
geliyorlardı	:	They were coming
Kaptan açık denizde oldukça hızlı yüzüyordu.	:	The captain was swimming quite fast in the open sea.

13 **Geniş zamanın hikâyesi** : **Simple Past (Narrative)**

gelirdim	:	I used to (would) come
gelirdin	:	You used to (would) come
gelirdi	:	He/She used to (would) come
gelirdik	:	We used to (would) come
gelirdiniz	:	You used to (would) come
gelirlerdi	:	They used to (would) come
Vakit olsa, sana mutlaka gelirdim	:	If I had the time, I would definitely come to (see) you.

Gelecek zamanın hikâyesi : **Future in the Past (narrative)**

gelecektim	:	I was going to come
gelecektin	:	You were going to come
gelecekti	:	He/She was going to come
gelecektik	:	We were going to come
gelecektiniz	:	You were going to come
geleceklerdi	:	They were going to come
Antalya'ya gidecektim, işim vardı gidemedim.	:	I was going to go to Antalya but I had other business to do so I couldn't go.

14 **Belirsiz geçmiş zamanın hikâyesi** : **Past Perfect (narrative)**

gelmiştim	:	I had come
gelmiştin	:	You had come
gelmişti	:	He had come
gelmiştik	:	We had come
gelmiştiniz	:	You had come
gelmişlerdi	:	They had come
Vakit öğle olmuştu, Tekin Bey hâlâ uyuyordu..	:	Although it had reached noon, (Mr.) Tekin was still sleeping.

Belirli geçmiş zamanın hikâyesi : **Colloquial Past (narrative)**

geldiydim	:	I had come (came)
geldiydin	:	You had come (came)
geldiydi	:	He/She had come (came)
geldiydik	:	We had come (came)
geldiydiniz	:	You had come (came)
geldilerdi	:	They had come (came)
Dün sana geldiydim, sen evde yoktun.	:	Yesterday I came to (visit) you but you were not at home.

15 **Dilek-şart kipinin hikâyesi** : **Past Conditional (narrative)**

gelseydim	:	If I had come

gelseydin	: If you had come
gelseydi	: If he/she had come
gelseydik	: If we had come
gelseydiniz	: If you had come
gelseydiler	: If they had come
İzmir'e gelseydim, sana mutlaka uğrardım.	: If I had come to Izmir, I would definitely have called on you.
Keşke tekne biraz yavaş gitseydi	: If only the boat would go a little slower.

İstek kipinin hikâyesi : **Subjunctive-past (If only)**

geleydim	: If only I had come
geleydin	: If only you had come
gele	: If only he/she had come
geleydik	: If only we had come
geleydiniz	: If only you had come
geleydiler	: If only they had come
Şu mektubu postaya ataydın.	: If only you had posted this letter.

Gereklilik kipinin hikâyesi : **Necessity -in the Past**

gelmeliydim	: I should have come
gelmeliydin	: You should have come
gelmeliydi	: He/She should have come
gelmeliydik	: We should have come
gelmeliydiniz	: You should have come
gelmelilerdi	: They should have come
Bugün çok balık tutmalıydım	: I should have caught a lot of fish today.

2 NOEL BABA'NIN KENTİNE

	HAREKET	: VISITING THE CITY OF FATHER CHRISTMAS
22	Kekova ile Myra arası ne kadar sürüyormuş?	: How long does it take to get from Kekova to Myra?
	normal hızla	: (at) normal speed
	onun yaşadığı yerler	: the places he lived in
	birine göre	: according to one person
	kıyıya yaklaşmak	: to get nearer the shore
	kıyı çok sığ	: the water near the shore is very shallow
	kıyıya yanaşmak	: to come alongside the shore
	bota binmek	: to board a boat
	kıyıya çıkmak	: to step on the shore
	bir hayli zaman almak	: to take a very long time
	batmak	to sink
	botu batırmak	: to sink the boat
	Aman Allah esirgesin	: Oh! May God grant safety.
	denizin durgun olması	: the sea's being calm
	inşallah	: If God wills! (I hope)
	bir şeyi kutlamak	: to celebrate something
	nasıl olur da	: How is it that!
	merak etmek	: to be curious (inquisitive)
	botla gitmekten korkmak	: to be afraid to go by boat
	çayın denize karışması	: where the stream meets the sea
	zevkli	: enjoyable
	denizin üstü soğuk, altı ılıkmış	: the surface of the sea was cold, but underneath was warm
	balık tutmak	: to catch fish
	Gitmişken onu da görelim.	: While we are there, let's (go and) see it.
	Çok iyi olur.	: That's a good idea.
	bütün antik dünyada bir tane olduğunu söylüyorlar.	: They say this is unique in the world of antiquities

	ANTİK TİYATRODA	: **IN THE AMPHITHEATRE**
23	Ne iyi ettik de geldik.	: It is good that we came. (I'm glad we came.)
	doğa güzellikleri	: the beauties of nature
	bir şeyle kaynaşmış	: they harmonise (blend) with something

Bence Myra çok önemli bir yer	: I think Myra is a very important place.
Myra hakkında bilgin var mı?	: Do you know anything about Myra?
Myra üzerine bir şeyler okudum.	I have read about Myra.
eskiden	: in the past
ölüleri gömmek	: to bury the dead
kayaların içine	: within rocks
oymak	: to gouge out (hollow out)
mezar	: a grave
tiyatronun üzerinde	: on (on top of) the theatre
kayaların içine oyulmuş	: the inside of the rocks was hollowed out
Likyalılara ait	: belonging to the Lycians
şaka yapmak	to joke (make fun of)
kent kurmak	: to found a city
o zamanlar	: in those days
çok önemli kentmiş	: it was a very important city
gemi seferi	: cruise, trip by ship
yüzyıl	: a century
piskopos olmak	: to be a priest
tiyatro sahnesi	: stage of a theare
bir şeye benzemek	: to look like something
milyon	: a million
çekip gitmek	: to leave
değişmek	: to change
kostüm	: costume
Hayyam'ın şu dörtlüğünü çok severim.	: I like these four lines of (Ömer) Khayyam.
gerçekten	: really
kukla	: puppet
kuklacı	: puppeteer
felek	: Omnipotent Being
sahneye çıkmak	: to go on stage
birer ikişer	: singly, in twos
sandık	: trunk
şair	: poet
filozof	: philosopher
hem.. hem	: both... and... (...and..., too)
felsefe	: philosophy
haklı olmak	: to be right
sözü uzatmamak	: not to go on and on about
sıcağın bastırması	: the settling of heat over
geç kalmak	: to be late

NOEL BABA KİLİSESİNDE : **IN THE CHURCH OF FATHER CHRISTMAS**

24 Noel Baba'nın yanındaki bu çocuk kim?	: Who is that child beside Father Christmas?
Noel Baba'nın oğlu var mı?	: Does Father Christmas have a son?
denizci	: sailor
bir şeyi çok sevmek	: to be very keen on, to like something very much
birisini korumak	: to protect someone
heykel	: statue
sembolize etmek	: to symbolize
Şurada bir levha var.	: Here is a noticeboard.
hayat	: life
bir şeyden söz etmek	: to mention something
Birlikte bir okuyalım mı?	: Shall we read (it) together?
fikir vermek	: to give an idea about
bölge	: region
kıyı kenti	: city on the coast
doğmak	: to be born
efsaneleşmiş	: became a legend
aziz	: saint
kemik	: bone
bir şey kaçırmak	: to steal something
rahat bırakmak	: to let alone
yanlışlıkla	: erroneously

başka biri	: another person
kilise	: church
birçok	: very many
savaş	: war
Kimlerle?	: With whom?
VII. yüzyılın ortasından IX. yüzyıla kadar	: From the middle of the VII th Century to the IX th Century.
Araplar	: Arabs
yoğun	: dense
akın yapmak	: to over-run
terk etmek	: to leave
zapt etmek	: to conquer

25
deniz saldırısı	: sea attack
bir şeyin yıkılması	: the collapse of something
sık sık	: frequently
çayın taşması	: overflow of the stream
sel basması	: flood
felaket	: disaster
felakete dayanamamak	: not to be able to withstand a disaster
bir yerden ayrılmak	: to desert a place (area)
Çok yazık	: It's a great pity!
tarihe dalmak	: to delve into history
Tarih geçmişi yansıtan bir aynadır.	: History is the mirror of the past.
Geçmişe bakarak geleceği daha iyi görürsün.	: You can get a better view of the future by looking back at the past.
yılbaşı	: New Year
yılbaşını kutlamak	: to celebrate New Year
sabaha kadar eğlenmek	: to enjoy oneself till the early hours of morning
yaşlanmak	: to get old

DİLBİLGİSİ : **GRAMMAR**
Bileşik Eylem Zamanları : **Compound Tenses**

26 **Şimdiki zamanın rivayeti** : **Dubitative Present Continuous (hearsay)**
geliyormuşum	: It is said that I am coming.
geliyormuşsun	: It is said that you are coming.
geliyormuş	: It is said that he/she is coming.
geliyormuşuz	: It is said that we are coming.
geliyormuşsunuz	: It is said that you are coming.
geliyorlarmış	: It is said that they are coming.
Ayşe Hanım Ankara'ya ne ile geliyor?	: How is Ms. Ayşe Coming to Ankara?
Uçak ile geliyormuş.	: It is said that she is coming by plane.
tercih etmek	: to prefer

27 **Geniş zamanın rivayeti** **Dubitative Present Simple (hearsay)**
gelirmişim	: It is said that I would (used to) come.
gelirmişsin	: It is said that you would (used to) come.
gelirmiş	: It is said that he/she would (used to) come.
gelirmişsiniz	: It is said that you would (used to) come.
anlatmak	: to explain
sahil	: beach, shore
her sabah	: every morning
yaşlı bir adam	: an old man
saatlerce	: for hours
deniz kenarında oturmak	: to sit by the seaside
kaya mezarları	: sarcophagus
bir şey incelemek	: to look at something carefully
akşam üzeri	: towards evening
arkeolog	: archaeologist

28 **Gelecek zamanın rivayeti** : **Future Dubitative (hearsay)**
gelecekmişim	: It's understood I will come
gelecekmişsin	: It's understood you will come

gelecekmiş	: It's understood he/she will come
festival	: festival
ünlü	: famous
sanatçı	: artist
şenlik düzenlemek	: to arrange an entertainment, a festival
Festival ne kadar devam edecekmiş?	: How long is the Festival going on?
bir hafta sürecekmiş.	: It is said that it will go on for one week.
motel	: motel
pansiyon	: guest house
yer ayırtmak	: to book a place
Belirsiz geçmiş zamanın rivayeti	: **Dubitative Past Perfect (uncommon use, generally for sarcasm)**
gelmişmişim	: It is said that I had come.
gelmişmişsin	: It is said that you had come.
gelmişmiş	: It is said that she/he had come.
sınav kazanmak	: to pass an exam
haksızlık yapmak	: to do injustice to
not vermek	: to give marks to
ders çalışmak	: to study
hakketmek	: to deserve

	ATASÖZLERİ	: **PROVERBS**
29	deli	: mad (crazy)
	dost	: friend
	akıllı	: clever
	düşman	: enemy
	kusursuz	: perfect
	bir şeyden üstün olmak	: to be superior to
	Balık baştan kokar.	: Corruption begins from the top.
	bağ	: vineyard
	bir şey bağışlamak	: **to give**
	bir salkım üzüm	: a bunch of grapes

	ANLATAMIYORUM	: **I CAN'T EXPLAIN**
33	ağlamak	: to cry
	ses	: sound
	duymak	: to hear
	mısra	: line (in a poem)
	bir şeye dokunmak	: to touch something
	gözyaşı	: a tear (in the eye)
	şarkı	: a song
	kelime	: a word
	kifayetsiz	: inadequate
	derde düşmek	: to feel worried
	mümkün	: possible
	epeyce	: quite a lot
	yaklaşmak	: to near, to approach

3	**SÖNMEYEN ATEŞ**	: **EVERLASTING FIRE**
34	öğle sıcağı	: high noon
	sıcağın bastırması	: heat oppression
	kılavuz	: guide
	üç saatten beri	: for the last three hours
	orman	: forest (wood)
	ormanda yürümek	: to walk in a wood
	Dağ oldukça dikti	: The mountain was very high.
	tırmanış	: climb
	dağın tepesi	: mountain peak
	yüzyıllardan beri	: for thousands of years
	sönmeyen ateş	: everlasting fire
	sönmek	: to extinguish
	nice	: many
	efsane	: legend

efsane söylemek	: to narrate a legend
tanrılara kurban kesmek	: to sacrifice to the Gods
en önde	: at the very front
Kıyıdan aşağı yukarı 14 km lik bir mesafeyi yürümüşlerdi.	: They walked about 14 km. away from the shore.
yol yürümek	: to walk along (a road, or path)
göze almak	: to risk
güneşlenmek	: to sunbathe
yorulmak	: to become tired
dinlenmek	: to rest
tarihî, turistik yerler	: historical and touristic resorts
gezip görmek	: to wander around and see
müjdelemek	: 'to give unexpectedly good news
bir şeye doğru koşmak	: to run towards/for something
alev	: flame
yanardağ	: volcano
toprağın arasından	: amongst the soil
alev yükselmesi	: the climbing of the flames
alevin üzerine toprak atmak	: to throw soil on the flames
yeniden	: anew
alev almak	: to catch fire, to burst into flames
hayretler içinde olmak	: to be astonished
açıklama yapmak	: to explain
35 metan gazı	: butane gas
normal hava sıcaklığında	: at normal air temperature
derin hayallere dalmak	: to be lost in daydreams
çöp	: rubbish
aleve tutmak	: to hold something over a flame
Belki de dünyaya ilk ateş buradan yayılmıştır.	: Perhaps the (knowledge of) fire spread round the world from this first one.
mitoloji	: mythology
çamur	: mud
çamurdan insan	: a man made of mud
bir şeyi beğenmek	: to like something
davet etmek	: to invite
ateşin her şeye hayat vermesi	: fire gives life to everything
kıvılcım	: spark
çalmak	: to steal
bir şeye can vermek	: to give life to something
birini asmak	: to execute by hanging
akbaba	: vulture
ciğer	: liver
parçalamak	: to take (tear) to pieces
birini kurtarmak	: to rescue someone
tarihî harabe	: historical ruins (remains)
sunak taşı	: altar
kurban kesmek	: to sacrifice a victim
tartışma	: disagreement, discussion
SINIRSIZ ENERJİ TABİİ GAZ	: **UNBOUNDED ENERGY NATURAL GAS**
36 yakıt	: fuel
kömür	: coal
lüzum kalmamak	: to become unnecessary
kalorifer	: central heating
kalorifer düğmesi	: central heating switch
hayret verici	: astonishing
enerji kaynağı	: source of energy
tabii gaz	: natural gas
yukarıda	: above
satır	: line
yerin altından çıkan	: comes from below the ground
daha fazla kullanılmak	: to be used more
reklam	: advertisement
bugüne kadar	: up to today

kömür	:	coal
petrol	:	petrol
yakıt	:	fuel
ihtiyaç	:	need, requirement
yakıt ihtiyacı	:	fuel need, demand
ihtiyacı sağlamak	:	to supply the demand
yakın bir gelecekte	:	in the near future
atom enerjisi	:	atom energy
görevi üzerine almak	:	to take responsibility for
ihtiyacı karşılamak	:	to meet the need, (demand)
kimyacı	:	chemist
en önemli	:	the most important
hammadde	:	raw material
konut	:	accommodation
bir şeyden faydalanmak	:	to utilize something
çabuk	:	fast
yayılmak	:	to spread
havagazı	:	(coal) gas
bir şeye nazaran	:	compared to something
iki kat daha fazla	:	twice as much
enerji	:	energy
sahip olmak	:	to own
ucuz	:	cheap
daha ucuz	:	cheaper
istenilen bir miktarda	:	the amount requested
yer	:	ground, place, area
yerden alınmak	:	to be taken from the ground
derhal kullanılmak	:	to be used at once (for immediate use)
boru hattı	:	pipeline
mesafe	:	distance
bir şeyin taşınması	:	the transport of something
duman	:	smoke, fumes
kurum	:	soot
kükürtdioksit	:	sulphur-dioxide
tamamiyle	:	altogether, entirely
yanmak	:	to burn
kokusuz	:	odourless
zehirsiz	:	poisonless, non toxid
herhangi bir	:	any one (thing)
musluk	:	tap, faucett
patlayıcı bir bulut	:	an explosive cloud
fark etmek	:	to notice (a smell)
bir şeye imkan vermek	:	to enable something
tipik bir koku	:	a typical odour
ev hanımı	:	housewife
kaçak gaz	:	leaking gas
"karamela tadını" andıran bir koku	:	a smell like the taste of caramel
ısı değeri	:	heat value
ocak, fırın ve otomatların yeniden ayarlanması	:	re-adjustment of the cooker, oven and flash-heater
bir şeyin, bir şey yerine kullanılması	:	to use something in place of something else
kömür ve benzerî yakıt dumanları	:	the fumes/smoke of coal and similar fuels
hava kirlenmesi	:	air-pollution
belâ	:	trouble
bir taraftan da	:	as well as
kalorifer tesisleri	:	central heating
kullanma masrafları	:	expenses (for use)
bir şeyi azaltmak	:	to lessen something
tabii gaz dolaşımlı su ısıtıcı	:	a water heater, circulated by means of natural gas
mal olmak	:	to cost
tesis bedeli	:	cost of facilities
kalorifer gideri	:	outgoings for central heating
dünyanın en büyük tabii gaz yatakları	:	the largest natural gas-beds in the world
tüketim	:	consumption
rezerv	:	reserves

bir şey yüzünden hasara uğramak	: to be damaged due to something
kamuoyu	: the public
dikkati üzerine çekmek	: to attract attention
kısıtlamak	: to limit, restrict
rekabet	: competition
sahip olmak	: to own
kalite	: quality
miktar	: amount
fiyatın düşük olması	: the price being low
anlaşma yapmak	: to come to agreement
temasa geçmek	: to contact
mukavele imzalamak	: to sign a contract
teklif yapmak	: to make an offer
yarış etmek	: to compete
imkan sağlamak	: to enable
elektrik üretmek	: to produce electricity

DİLBİLGİSİ : GRAMMAR

Bileşik Eylem Zamanları : Compound Tenses

Şimdiki zamanın şartı — **Conditional Present Continuous**

38
geliyorsam	: If I am coming
geliyorsan	: If you are coming
geliyorsa	: If he/she is coming
Kemal Bey bizimle geliyorsa, fotoğraf makinesini de alsın.	: If (Mr.) Kemal is coming with us, get him to bring his camera.
dağa çıkmak	: to climb a mountain
Dağa çıkmıyorsanız, burada bekleyiniz.	: If you don't intend to climb the mountain, wait here.
uzaklara açılmak	: to swim out to the open sea
yürüyüş	: a walk
yürüyüşü sevmek	: to like walking
yaya gitmek	: to go on foot

Geniş zamanın şartı : Conditional Simple Present
gelirsem	: If I come
gelirsen	: If you come
gelirse	: If he comes
Tekin Bey de gelirse, memnun oluruz.	: If (Mr.) Tekin comes too, we'll be pleased.
söz vermek	: to promise
sözünde durmak	: to keep one's promise
Verdiğiniz sözde durmazsanız çok ayıp olur.	: If you don't keep your promise, it is a shame.
dinlenmek	: to rest
çalışma hayatı	: working life
bir şeyin verimli olması	: to be productive
uygun bir fiyata satmak	: to sell for a suitable price

Gelecek zamanın şartı : Future Conditional
geleceksem	: If I am going to come
geleceksen	: If you are going to come
gelecekse	: If he/she is going to come
Tekin Bey, bizimle gelecekse, hemen hazırlansın	: If (Mr.) Tekin is going to come, get him to get ready.

Belirli geçmiş zamanın şartı : Conditional Past Definite
geldiysem	: If I came
geldiysen	: If you came
geldiyse	: If he/she came
Emin Bey size geldiyse, bize de uğrasın	: If (Mr.) Emin is with you, get him to call on us, too.
Ayşe dün okula gelmediyse, mutlaka hastadır.	: If Ayşe did not attend school yesterday, she must be ill.
memnun kalmak	: to be pleased
önümüzdeki yıl	: the coming year

Belirsiz geçmiş zamanın şartı	: **Conditional Past Dubitative**
39 gelmişsem	: If I have come (came)
gelmişsen	: If you have come (came)
gelmişse	: If he/she has come (came)
borç para vermek	: to lend money
Paranız bitmişse, size biraz borç para verebilirim.	: I can give you some money if you have finished yours.
Kitabı okumuşsa, lütfen bana geri versin	: If he has read the book, please get him to return it to me.
benzin almak	: to buy petrol
mektubu postaneye vermek	: to post a letter
40 **Şimdiki zamanın şartı**	: **Conditional Present Continuous**
geliyorsam	: If I am coming
gelmiyorsam	: If I am not coming
Geniş zamanın şartı	: **Conditional Simple Present**
gelirsem	: If I come
gelmezsem	: If I don't come
Gelecek zamanın şartı	: **Future Conditional**
geleceksem	: If I am going to come
gelmeyeceksem	: If I am not going to come
Belirli geçmiş zamanın şartı	: **Conditional Past Definite**
geldiysem	: If I came
gelmediysem	: If I didn't come
Belirsiz geçmiş zamanın şartı	: **Conditional Past Dubitative**
gelmişsem	: If I have come (came)
gelmemişsem	: If I haven't come (didn't come)
Güzel Sözler	: **Nice Sayings**
Milletleri kurtaranlar yalnız ve ancak öğretmenlerdir.	: Teachers are the only saviours (rescuers) of the nations.
İnsan ne kadar az düşünürse, o kadar çok konuşur.	: He who talks much, thinks little. (Empty vessels make the most noise.)
Düşünmeden öğrenmek, vakit kaybetmektir.	: To learn without considering, is just a waste of time.

4 MARMARİS'TE	: **AT MARMARIS**
46 yolculuğun güzel geçmesi	: to have had a good journey
biriyle buluşmak	: to meet someone by appointment
uçak perşembe günü gelecekti	: the plane was to arrive on Thursday
birini havaalanında karşılamak	: to meet someone at the airport
servis arabası	: service transport
tam zamanında gelmek	: to come just on time, to be prompt
yer ayırtmak	: to book a place
deniz tarafına bakan oda	: a room facing the sea
odaya yerleşmek	: to settle down in the room
muhteşem	: wonderful
çevreye göz atmak	: to look over the room (here)
odaya yeni bir şekil vermek	: to change the room around
yatak	: bed
sehpa	: coffee-table
eşyaların yerlerini değiştirmek	: to move the furniture
balkona çıkmak	: to go onto the balcony
karşılıklı oturmak	: to sit across from each other
sohbete koyulmak	: to start chatting
uzun uzadıya bir şeyden söz etmek	: to chat for a long time (about something)
Saatlerin nasıl geçtiğinin ikisi de farkında değildi.	: Neither of them noticed the time pass.
anlata anlata bitirememek	: to talk and talk
bir şey yapmaya karar vermek	: to decide to do something

sakın ha!	: Don't do that!
47 Mavi Yolculuğa çıkan bir kimse kolay kolay başka bir yeri beğenemez.	: Anyone going on the Blue Cruise will not readily like any other (holiday) place.
pahalı	: expensive
Bir ay tatil yapacağıma, on gün yaparım.	: Instead of going on holiday for a month, I'll go for ten days.
hem de anısı yıllarca benimle yaşar.	: the memory still lives with me as well.
tatil programı yapmak	: to make a holiday programme
Bu defa Mavi Yolculuğa Bodrum'dan çıkacak ve Gökova Körfezini gezeceklerdi.	: Then the Blue Cruise would set off from Bodrum and would cruise along the Gökova Bay.
acıkmak	: to get hungry
acıktığını fark etmek	: to notice one's hunger
biriyle tanışmak	: to meet someone (for the first time)
Hep birlikte aynı masaya oturdular.	: They all sat down together at the same table.
bir şeyler atıştırmak	: to eat something quickly
midesi zil çalmak	: to feel very hungry
yemek sırasında	: during the meal
Yemek sonrası bara gittiler.	: They went to the bar after their meal.
izin istemek	: to ask for leave
mayo giymek	: to put on a bathing suit
iskele	: jetty
motor kiralamak	: to hire a motorboat
Marmaris ve çevresini gezmek üzere plan yaptılar	: They made a plan to walk around Marmaris and its environs
TATİL CENNETİ MARMARİS	: **MARMARIS-HOLIDAY PARADISE**
48 erken uyanmak	: to wake up early
O gün erkenden uyandı, güneş henüz doğmamıştı.	: That day she woke up early, the sun hadn't risen yet.
ortalığın ağırması	: dawn
Ulrike hâlâ uyuyordu.	: Ulrike was still sleeping.
göz atmak	: to glance (at)
biriyle anlaşmak	: to decide to do something with someone
motorcu	: motor-boatman
birini uyandırmak	: to awaken someone
gözleri oğuşturmak	: to rub one's eyes
Sabah oldu mu?	: Is it morning already?
Güneş doğmak üzere.	: The sun is about to rise
hazırlanmak	: to get ready
birini beklemek	: to wait for someone
yankı	: echo
yankılanmak	: to echo
yola koyulmak	: to set off (out)
keyifli olmak	: to be merry, in good spirits
Sanki bütün deniz onlara aitti.	: It was as if the whole sea belonged to them
gündüz	: daytime, in the daytime
bir yerin dolu olması	: to be crowded, full
49 kıyıya yanaşmak	: to get nearer the shore
durmak	: to stop
dağa tırmanmak	: to climb a mountain
bir saat kadar sürmek	: to last about an hour
manzara	: view, scenery
muhteşem	: marvellous, magnificent
göl gibi durgundu	: it was as calm as a lake.
görüntü	: apperance, reflection
suya ayna gibi yansımak	: to be reflected in the mirror
yemyeşil	: deep green
çam ormanı	: pine forest
kokunun çevreye yayılması	: spread of fragrance
mis gibi bir koku	: fragrance

kokunun ciğerleri doldurması	: to fill one's lungs with the fragrance
Kuşlar dallarda cıvıl cıvıl ötüşüyorlardı	: The birds were twittering in the trees.
yakamoz	: phosphorescence (in the sea)
kendini rüyada sanmak	: to feel as if one is dreaming
yerleşmek	: to settle down
doğayı bozmak	: to spoil nature
Büyük şehirlerde ne bu güzelliği, ne de bu huzuru bulabiliriz.	: We can find neither this beauty nor peace in the big cities.
oyalanmak	: to loiter, to waste time
İnsanların yüzünde mutlu bir ifade vardı.	: People had contented expressions
kalabalığa karışmak	: to join the crowd
doğayla başbaşa olmak	: to stay alone with nature

DENİZ ORTASINDA 30.000 NÜFUSLU ŞEHİR	: IN THE MIDDLE OF THE SEA A CITY WITH A POPULATION OF 30.000
50 genişlik	: width, breadth
metre	: metre
uzunluk	: length
anfi	: amphi
büyücek bir futbol sahasını andıran	: giving the impression of a big football field
ilk	: first
deniz şehri	: city beside the sea
barındırmak	: to shelter
en ince ayrıntılar	: the tiniest details
bir fikrin ortaya atılması	: to put forward an idea
mimar	: architect
mühendis	: engineer
şehir planlarını hazırlamak	: to prepare city plans
maket	: model (of a city)
proje	: project
alaka göstermek	: to show interest
yapılan planların olgunlaştırılması	: perfection of the plans made
finansman	: financing of
maddi olanaklar	: financial feasibilities
teknik imkânlar	: technical feasibilities
nüfus	: population
sığ	: shallow
çalışmalara elverişli	: suitable for the work
maksada uygun şekilde	: in conformity with the purpose
avantajlı	: advantageous
göz önünde tutmak	: to take into consideration
plastik torbalar	: plastic bags
dalgakıran	: breakwater
dalgakıran vazifesi görmek	: to function as a breakwater
bir şeyi çakmak	: to drive something in with blows
demirli beton kalıplar	: concrete moulds containing iron
inşa etmek	: to construct
bir şeyin kesiti	: cross-section of something
duvarın şehre bakan iç yönü	: the inner side of the wall overlooking the city
tertiplemek	: to arrange
fabrika	: factory
büro	: office
yerleştirmek	: to instal
kuzey	: north
kuvvet santralı	: power plant
bir şeyin öngörülmesi	: to envisage something
santralın ısı artığı	: heat loss of power plant
içme suyu	: drinking water
tesis	: installation
beton ponton	: concrete pontoon
taşıma araçları	: transport vehicles
bir yerle bağlantı sağlamak	: to form a link with somewhere

balıkçılık	:	fishing
geçimini sağlamak	:	to earn one's living
deniz yosunu	:	moss
gıda maddeleri	:	food
suni gübre	:	artificial fertilizer
magnezyum	:	magnesium
brom	:	bromine
iyot	:	iodine
stronyum	:	stronium
rubidyum	:	rubidium
bakır	:	copper
kimyasal element	:	chemical element
denizbilimi	:	oceanography
bir şeyi ihmal etmemek	:	not to neglect something
akvaryum	:	aquarium

	ELLER	:	**HANDS**
51	parmak	:	finger
	boynu bükük	:	bent round
	diz	:	knee
	yabancı	:	stranger
	kardeş	:	sister or brother
	göbek	:	belly
	umur	:	matter of importance, concern
	ellikten çıkmak	:	to have chapped hands (not to look like hands any more)
	bir şey uğruna	:	for the sake of something
	derilerin soyulması	:	peeling of the skin
	avuç içi	:	palm (of the hand)
	nasır	:	a corn (on the toe)
	karım	:	my wife
	çocuğa bakmak	:	to look after a child
	tahta uğmak	:	to rub the floor
	sabah karanlığı ateş yakmak	:	to light a fire early in the morning
	dilenci	:	beggar
	etek	:	skirt
	baygın düşmek	:	to feel faint (with tiredness)
	demir parmaklıklara sarılmak	:	to hold on to iron bars
	kalem tutmak	:	to hold a pencil
	yazı yazmak	:	to write
	kazma	:	spade, shovel
	toprağı kazmak	:	to dig the soil
	pençe	:	claw, paw
	yumruk	:	fist
	et	:	flesh
	deri	:	skin
	tırnak	:	a nail

	DİLBİLGİSİ	:	**GRAMMAR**
	Belirteçler	:	**Adverbs**
52	**-ın, -leyin**	:	**-ın, -leyin endings**
	kışın	:	in the winter
	yazın	:	in the summer
	Ulrike sabahleyin geç uyandı	:	Ulrike got up late that morning.
	akşamleyin	:	in the evening
	-ca (-ce, -ca, -ce)	:	**-ca (-ce, -ça, -çe) endings**
	usulca	:	slowly and softly; quietly
	yavaşça	:	rather slowly; rather quietly
	sessizce	:	quietly, silently
	Motor hızlıca yol alıyordu.	:	The motorboat was going rather fast.
	kolayca	:	easily
	rahatça	:	comfortably
	Balıkçı balıkları insafsızca avlıyordu.	:	The fisherman was fishing mercilessly (unfairly
	görgüsüzce hareket etmek	:	to behave impolitely (rudely)
	bilgisizce iş yapmak	:	to do some work ignorantly
	akılsızca hareket etmek	:	to behave foolishly

53	**-cık (-cik, -cuk, -cük)**	: **-cık (-cik, -cuk, -cük) endings**
	İskelede azıcık bekler misiniz?	: Will you please wait at the jetty (pier) for a moment?
	birazcık	: a little bit
	İşleriniz çok biliyorum ama, bir akşamcık da bize geliniz	: I know you have a lot of work but do visit us just for an evening,
	Tekne açık denizde durmaksızın yol alıyordu	: The boat was going (proceeding) in the open sea nonstop.
	Gülay Hanım susmaksızın konuşuyordu.	: (Ms) Gülay was talking nonstop.
	yorulmaksızın	: without getting tired
	ansızın	: suddenly

Eylemden yapılan belirteçler : **Verbal Adverbs**
yüzmek : to swim
yüze yüze gitmek : to go swimming
koşmak : to run
koşa koşa merdivenden inmek : to go running downstairs
Dün akşam yemeğini bizde yiyerek eve gitti. : He went home after having dinner with us last night.
Motorcu şarkı söyleyerek yola koyuldu. : The motor-boatman set out singing.
Esen Hanım hiç konuşmadan manzarayı seyretti. : (Ms.) Esen watched the scenery without talking at all.
İkilemeden yapılan belirteçler : **Repeating Adverbs**
mışıl mışıl uyumak : to sleep soundly
gece gündüz gezmek : to travel night and day
ağır ağır konuşmak : to speak slowly
sağa sola koşmak : to run hither and thither
hızlı hızlı yüzmek : to swim fast
sessiz sessiz ağlamak : to cry silently
sabah akşam rakı içmek : to drink rakı from morning till night

	Belirteç çeşitleri	: **Types of adverbs**
	Zaman Belirteçleri	: **Adverbs of time**
54	dün	: yesterday
	bugün	: today
	yarın	: tomorrow
	er geç	: sooner or later
	şimdi	: now
	demin	: just now, a second ago
	önce	: first, at first
	sonra	: later
	yazın	: in the summer
	kışın	: in the winter
	geçende	: lately, recently
	akşama	: towards or in the evening
	sabaha	: towards or in the morning
	haftaya	: next week

Yer, yön Belirteçleri : **Adverbs of place and direction**
aşağı : down
yukarı : up
içeri : in (side)
dışarı : out (side)
ileri : forward
geri : backwards
üst : upper
alt : lower
ön : front
arka : back
sağ : right
sol : left
uzak : far
yakın : near

Azlık, Çokluk Belirteçleri	:	**Adverbs of quantity**
az	:	little, few
çok	:	much, many
eksik	:	missing, less (than), deficit
fazla	:	too much, too many, more (than)
pek	:	very much, a great deal
biraz	:	a little, some, a few
azıcık	:	very small, just a little bit
hep	:	all, the whole; always
hepten	:	entirely
kısmen	:	partly
daha	:	more

Durum Belirteçleri	:	**Adverbs of manner**
güzel	:	beautiful
çirkin	:	ugly
iyi	:	good
kötü	:	bad
yorgun	:	tired
dinç	:	healthy, sturdy
doğru	:	straight, right, correct
eğri	:	curved, crooked
temiz	:	clean
kirli	:	dirty
böyle	:	like this
öyle	:	so, in that manner, like that
şöyle	:	like that

Soru Belirteçleri	:	**Interrogative Adverbs**
ne	:	what?
nasıl	:	how?
niçin	:	why?
nice	:	how many?
hani	:	so where's...?
ne kadar	:	how much (many)?
Neden geciktiniz?	:	Why are you late?
Ne oldu	:	What happened?

5 PAZARLIK

60		:	**BARGAINING**
	pazarlık	:	bargaining
	Etiket fiyatı üzerinden satış yapılır	:	Things are sold according to price tags.
	satıcı	:	salesman (girl), sales assistant
	alıcı	:	buyer, customer
	fiyat	:	price
	fiyattan ikram yapmak	:	to reduce the price
	kâr etmek	:	to profit, to make a profit
	kilim	:	rug without a pile, kilim
	bakır tepsi	:	copper tray
	antik eşya	:	antique
	evi şark usulü döşemek	:	to decorate the house according to the oriental style
	mağaza	:	shop, store
	Bu kilim kaç lira?	:	How much is this kilim?
	pahalı	:	expensive
	ufacık	:	very small
	Bu fiyat normal	:	This price is reasonable.
	aslında başka biri olsa doksan bin liradan aşağı vermez.	:	If somebody else were here, he wouldn't sell it for less than TL. 90.000
	birine hürmet göstermek	:	to respect somebody
	indirimli	:	reduced
	fiyat söylemek	:	to give a price
	Bu kilim tam iki yüz yıllık.	:	This kilim is just two hundred years old.
	El ile işlenmiş	:	It is handmade.
	kalite	:	quality
61	sini		large, round copper or brass tray

vazo	: vase
birinin hatırı için	: for the sake of someone
zarar etmek	: to lose money (on something)
Hiç kazanmaz, zaten ben o fiyata aldım.	: I bought it at that price; there is no profit.
Bizden de kazanmayın.	: Don't make a profit from us on this sale.
Bu seferlik de kazanmayalım.	: All right, let us not make a profit this time.
Dediğiniz olsun.	: That's okay! (let it be so.)
Size elli bine bırakıyorum.	: I'll let you have it for fifty thousand liras.
İstediklerinizin hepsi de var.	: All the things you want are available here.
lütfen pazarlık fiyatı söylemeyin.	: Please don't give us a price which necessitates bargaining.

BAKIRCILAR ÇARŞISINDA
62 Pazarlık yapmasaydık, kilimi yetmiş bin liraya alacaktık.

AT THE COPPER WORK MARKET
: If we hadn't bargained, we would have had to give seventy thousand liras for the kilim.

İyi ki pazarlık yaptık.	: It's good that we bargained for it.
Tam yirmi bin lira kârımız oldu.	: We have gained just twenty thousand liras.
Bizim için en önemlisi bakır tepsi.	: For us, the most important thing is the copper tray.
geçenlerde	: recently, lately
dükkan	: shop
Bir deneyelim.	: Let's try (attempt) to
Buyurun efendim.	: Yes, sir.
Bu tepsi kaç lira?	: How much is this tray?
Bu tepsi değil, sini.	: This is not an ordinary tray but a large, round copper tray.
Tepsi biraz daha küçük olur.	: A tray is a little smaller than this.
el işi	: handmade
nakış	: design
el ile işlemek	: to decorate by hand
63 ayağı alışmak	: to make a habit of going to
hazır sepet	: straw basket
kolye	: necklace
küpe	: ear rings
vesaire	: etc. (etcetera)
elde taşımak	: to carry in one's hand
alış veriş	: shopping
bol şans	: good luck
Pazarlık etmeyi unutmayın.	: Don't forget to bargain.

DİLBİLGİSİ
Geçişli eylemler

GRAMMAR
Transitive Verbs

64 Bay Ingo neyi aldı?	: What did Mr. Ingo buy?
Bay Ingo kilimi aldı.	: Mr. Ingo bought the kilim.
Bay Thomas neyi gördü?	: What did Mr.Thomas see?
Bay Thomas semaveri gördü.	: Mr.Thomas saw the samover
Kemal Bey kimi sordu?	: Who did (Mr) Kemal ask about?
Kemal Bey, Rail Hanımı sordu.	: (Mr) Kemal asked about (Ms) Rail.

Nesne
Belirtisiz nesne

: Object
: Indefinite Object

65 Satıcı para aldı.	: The salesman got his money.
Bay Ingo kilim aldı.	: Mr.Ingo bought a kilim.
Kemal Bey balık tuttu.	: (Mr) Kemal caught fish.
Esen Hanım arabayı kiraladı.	: (Ms) Esen hired the car.

Belirtili Nesne

Definite Object

Satıcı parayı aldı.	: The salesman got the money.
Bay Ingo kilimi aldı.	: Mr.Ingo bought the kilim.
Kemal Bey balığı tuttu.	: (Mr.) Kemal caught the fish.
Esen Hanım arabayı kiraladı.	: (Mr.) Esen hired the car.

Geçişsiz Eylemler

Intransitive Verbs

Satıcı ne yapıyor?	: What is the salesman doing?
Satıcı müşterilerle pazarlık yapıyor	: The salesman is bargaining with the customers.
Bay Thomas nereye gidiyor	: Where is (Mr.) Thomas going?
Güzel bir tepsi almaya gidiyor	: He is going to buy a nice tray.
Kim gece gündüz ağlıyor?	: Who is continually crying?
Çocuk gece gündüz ağlıyor.	: The child is persistently crying.

19

Kendini olduğundan yüksek görmek kadar, olduğundan aşağı görmek de yanlıştır.	:	To regard oneself as inferior is as wrong as to regard oneself as superior.

	KENDİN OKU BAKALIM	:	**WELL NOW, YOU READ IT**
68	mektup okumak	:	to read a letter
	evirmek çevirmek	:	to turn round and round
	baştan başa	:	entirely; from the beinning to the end
	Arapça	:	Arabian
	geri vermek	:	to give it back
	Türkçe	:	Turkish
	okuması yazması olmamak	:	to be illiterate
	ayıp	:	shame
	birinden utanmak	:	to be embarrassed before someone
	kavuk	:	turban; quilted cap around which a turban's sash is wrapped
	okur yazar geçinmek	:	to pretend to be literate

	DESEM Kİ	:	**IF I SAY (SAID)**
69	vakit	:	time
	rüzgarların en ferahlatıcısı	:	the most relieving (calming) of all the winds
	rüzgarın esmesi	:	to blow (for wind)
	kuytu	:	quiet and secluded
	koparmak	:	to pluck
	çiçeklerin en solmazı	:	the most durable of the flowers
	bereketli	:	fertile, fruitful, abundant
	toprağı sürmek	:	to plough
	tatmak	:	to taste
	yemiş	:	dried or fresh fruit; nut
	yemişlerin cümlesi	:	all the fruit
	hava kadar lazım,	:	as essential as air
	mübarek	:	blessed; holy, sacred
	ekmek kadar mübarek	:	as blessed as the bread (we eat)
	su gibi aziz	:	as holy as water
	nimet	:	benefaction, blessing, gift of God
	sofra	:	(dining) table
	en eski şarap	:	the oldest wine
	hüküm sürmek	:	to rule; to prevail, to govern
	müsterih olmak	:	not to worry
	kabir	:	grave, tomb
	böcek	:	insect
	ezberletmek	:	to make someone learn by heart, to make someone commit to memory
	güzellik	:	beauty
	gökkube	:	the vault of heaven
	mahşer günü	:	day of judgement
	ortalığa düşmek	:	to be exposed to the public eye, to be seen in public
	birini aramak	:	to look for someone

6	**GÖZ DOKTORUNDA**	:	**AT THE EYE-SPECIALIST'S**
70	son zamanlarda	:	recently, lately
	gece gündüz	:	day and night
	boş durmak	:	to be unoccupied, to be without work
	doçent	:	associate professor
	sınavı başarıyla vermek	:	to pass the exam successfully
	profesör	:	professor
	bir şey olmak için hazırlanmak	:	to prepare oneself for something
	bu sebeple	:	for this reason, therefore
	çok yoğun bir çalışma	:	very intensive work
	çalışma temposuna girmek	:	to enter a tempo for working
	ara sıra	:	from time to time, accasionally
	gözlerin sulanması	:	to become watery (eyes)
	gözlerin kızarması	:	to have red eyes
	başına ağrı girmek	:	to have a headache
	bir şeye aldırmamak	:	not to mind, not to pay any attention (to)

aralıksız	:	without pause
bir şeye devam etmek	:	to go on doing something
fakülte	:	faculty
birdenbire	:	suddenly
gözleri kararmak	:	to feel everything go dark (to faint)
baş dönmesi	:	feeling dizzy
ellerle gözleri oğuşturmak	:	to rub one's eyes
gözleri açmak	:	to open one's eyes
kararma	:	to feel everything go dark
yavaş yavaş	:	gradually
korku	:	fear
korkunun hafiflemesi	:	feeling less fearful
bir şeye göz atmak	:	to glance at something
harf	:	letter (for alphabeth)
bulanık görmek	:	not to see clearly
vakit geçirmeden	:	without losing time
arabaya atlamak	:	to jump into a taxi
göz doktoru	:	eye-specialist
doktora gitmek	:	to go to a doctor's
dikkatle dinlemek	:	to listen carefully
muayene etmek	:	to examine, to look over
soru sormak	:	to ask questions
Gözlük kullanıyor musunuz?	:	Do you wear spectacles (glasses)?
yazı	:	writting, script
rahat görmek	:	to see easily (clearly)
gözlerin bozuk olması	:	to have poor eyesight

71

Daha önce hiç göz doktoruna gittiniz mi?	:	Have you ever been to an eye-specialist's before?
Size gözlük vermedi mi?	:	Didn't he recommend you a pair of spectacles?
Verdi ama ben kullanmak istemedim.	:	He did, but I didn't want to wear them.
gözlük kullanmak	:	to wear spectacles
bir şeyin zor olması	:	to be difficult (for something)
kışın	:	in the winter
soğuktan sıcağa girmek	:	to go out of the cold into a hot (warm) place
birden	:	suddenly, at once
camların buğulanması	:	misting over (glass)
yazın	:	in the summer
hemen	:	at once, instantly
tozlanmak	:	to become dusty
bir şeyi taşımak	:	to carry something
Taşıması da zor.	:	It's difficult to carry them too.
gözlük takmak	:	to wear spectacles
rahat hareket etmek	:	to move comfortably
İlk günler hep öyle olur.	:	It is always like this over the first few days.
Sonradan alışırsınız.	:	You'll get used to them later.
astigmat	:	astigmatism
Sizin gözlerinizde astigmat da var.	:	Your eyes are astigmatic too.
Mutlaka gözlük kullanmak zorundasınız.	:	You should definitely wear spectacles.
Göz doktoruna en son ne zaman gitmiştiniz?	:	When did you last go to an eye specialist's?
hipermetrop	:	hypermetropic
bir şey yaparken zorluk çekmek	:	to have difficulty in doing something
miyop	:	myopia
yakını görmek	:	to see a short distance
uzağı iyi görememek	:	to be unable to see far
uzağı görmek	:	to see far
yakını iyi görememek	:	to be unable to see at a short distance
göz tansiyonu	:	eye tension
göz tansiyonunu ölçmek	:	to measure the tension of the eyes
yatağa uzanmak	:	to lie down on a bed
damla damlatmak	:	to drop (put) drops
gözleri kırpmak	:	to wink
Gözlük yerine lens kullansam?	:	How about my using contact lenses instead of spectacles?
lens takmak	:	to use (wear) contact lenses

21

Bence lens daha iyi.	: I think contact lenses are better
yaşlı görünmek	: to look old
şaka yapmak	: to make a joke
Gözlük, yaşlılık işareti değildir.	: Spectacles are not a mark of old age.
çağ	: time, period, age
çağın hastalığı	: the illness of our time
kötü şartlar	: bad conditions
yetersiz ışık	: inefficient light
bir şey yapmak için zaman olmaması	: to have no time to do anything
söz dinlemek	: to obey
televizyonu kapatmak	: to switch off the television
televizyonu açmak	: to switch on the television
bir şeyi açıklamak	: to explain something
bir şeyi kabul ettirmek	: to have something accepted

SAĞIRIN HASTA ZİYARETİ : THE DEAF VISITING THE ILL

72 iyi kalpli	: good-hearted
sağır	: deaf
komşu	: neighbour
hasta olmak	: to become ill
kendi kendine	: by himself
birini ziyaret etmek	: to visit someone
hal hatır sormak	: to inquire after someone's health
sesi çıkmamak	: to keep quiet, not to say anything
bilinen şeyler	: known things
afiyet olsun	: Have a good meal!
başucu	: head-board (of a bed)
başucuna oturmak	: to sit at the head-board
inlemek	: to moan, to groan
memnun olmak	: to be pleased
karşılık vermek	: to answer someone back
kızmak	: to get angry
zehir	: poison
sanmak	: to think, to suppose
çileden çıkmak	: to get very furious, to lose one's temper
tecrübeli	: experienced
bir yerden ayrılmak	: to leave

TELEVİZYON : TELEVISION

74 artık televizyonu kapatıver	: switch off the television now!
film bitsin	: as soon as the film finishes
hemen kapatırım	: I'll switch it off immediately.
yeni başlamak	: It has just started.
bir saatten önce bitmez	: It won't end for at least an hour.
ödev yapmak	: to do homework
bir kısmı	: one part
geri kalanı	: the rest of it
susmak	: to be quiet
filmi izlemek	: to watch the film
uyku saati gelmek	: It's time to sleep.
hiç uykum yok	: I'm not sleepy.
seyretmek	: to watch
televizyonu kapatmak	: to switch off the television
sen doğru yatağa	: off you go to bed (off with you to bed)
aması maması yok	: But me no buts!
Derhal dediklerimi yapın.	: Do what I tell you at once!
Ne oluyor, yine ne var?	: What's wrong with you again?
Babanız haklı.	: Your father is right.
Sabahtan beri televizyonun başında	: He has been in front of the television since morning.
bu gidişle	: At this rate...
gözü bozulmak	: to have poor eye sight
gözlük takmak zorunda kalmak	: to be obliged to wear spectacles
aptal kutusu	: box of foolishness
zehirlemek	: to poison
son araştırmalara göre	: according to recent investigations

zekâ geriliğine sebep olmak	: to cause mental retardation
tesbit edilmek	: to establish, determine
Aman Allah esirgesin	: God forbid!
asıl kabahat bizde	: the real ones at fault are us
yumuşak davranmak	: to be too soft (in dealing with)
çocuk programları dışında	: apart from children's programmes
seyretmeyi yasaklamak	: to forbid the watching of television
bugün pazar olduğu için	: because today is Sunday
başka zaman	: another time
dinlenmek	: to rest
gözleri aşırı yorulmak	: for the eyes to be overweary
üstelik	: besides
çok yakınoturmak	: to sit very near
televizyon ekranı	: the television screen
neredeyse	: nearly, almost
televizyonun içine girmek	: to get inside the television
gangster	: gangster
uyku daha önemli	: sleep is more important
heyecanlı	: exciting
fazla ısrar yok	: don't insist any more!
tam tersini yapmak	: to do just the opposite
vücudu gelişmek	: for one's body to develop
cılız ve zayıf olmak	: to be puny and weak
dediklerini yapacağım	: I'll do what you tell me
akıllı olmak	: to be clever (wise)
zaten sen çok uslusun	: Anyway you are a very good child.
tatlı uykular	: Have a nice sleep!

DİLBİLGİSİ
Tezlik eylemi: -ı (-i, -u, -ü) vermek

: **GRAMMAR**
: **Verbs of haste: -ı (-i, -u, -ü) vermek**
  (When suffixed to another verb it indicates haste, a polite request or casualness)

76 a) Gözleriniz bozulmuş hemen bir
       doktora gidiverin.

: a) Your eyes have become weak, you should go and see a
    doctor immediately.

Kitap okuyordum, gözlerim birden
kararıverdi.

: I was reading a book, I suddenly felt near fainting.

Emel, okula geciktiği için acele giyinip
evden çıkıverdi.

: Since Emel was late for school, she god dressed and left
  home in a hurry.

b) Mektupları bu akşam mutlaka
   yazıverin.

: b) Would you mind writing (typing) the letters this
    evening?

Hava iyice soğudu. Pencereleri
kapatıverin.

: It is rather cold. Would you please close the windows?

geliverdim	: I just came!
geliverdin	: You just came!
geliverdi	: He just turned up (came)!
alıverdim	: I just got (bought) it!
alıverdin	:| You just got (bought) it!
alıverdi	: He/She just got (bought) it!
okuyuverdim	: I just read it (quickly)!
okuyuverdin	: You just read it!
okuyuverdi	: He/She just read it!
görüverdim	: I just saw it!
görüverdin	: You just saw it!
görüverdi	: He/She just saw it!

GÜZEL SÖZLER
79 Gözler kendilerine, kulaklar
    başkalarına inanırlar.

: **NICE SAYINGS**
: (Their) eyes believe only what they see but (their) ears,
  only what others say.

Bütün mesele, ruhları görebilecek
gözler edinmektir.

: The whole matter is to have eyes which can perceive the
  spirit (essence)

Gözlerin konuştuğu dil, her yerde
  aynıdır.   : The speech of the eyes is the same everywhere.
Gözden ırak olan, gönülden de ırak
  olur.   : Out of sight out of mind.
Göz görür, gönül ister.   : Whatever the eye sees, it wants.

7 BİR GAZETE HABERİ   : THE NEWS IN A NEWSPAPER

80 gazete   : newspaper
    ilginç   : interesting
    haber   : news
    Kadınar erkeklere göre daha çok
      yaşıyormuş.   : It is said that women live longer than men.
    birinden daha akıllı olmak   : to be wiser than somebody
    birinden daha dayanıklı olmak   : to have more endurance than somebody
    birinden daha çok yaşamak   : to live longer than somebody
    bir şeyden söz etmek   : to talk about something
    Gerçeklerden söz ediyorum.   : I am talking about realities.
    Bak zaten bunları gazete de
      yazıyormuş. Az önce sen söyledin. : Look! They are mentioned in the newspaper, as you told
                                           me a little while ago.
    Bizden daha akıllı olduğunuz
      muhakkak.   : It is certain that you are wiser than we are.
    bir şeyi kabul etmek   : to accept something
    yıpranmak   : to be worn out
81 bir şeyin doğru olduğunu kabul etmek : to accept that something is right
    Kadınlar da artık çalışıyor.   : Women too, are now working.
    Benim işimin neresi hafif?   : Which part of my job is easy (light)?
    akşama kadar   : till evening
    büro   : office
    temizlik   : cleaning
    yemek   : cooking (the meal)
    bulaşık   : the dishes
    çamaşır   : the laundry
    kendini yatağa atmak   : to throw oneself into bed
    bugünlerde   : these days
    Yorgunluktan düşünemez oldum.   : I can't think, from being so tired.
    Gene başlama.   : Don't start again!
    tarihe göz atmak   : to throw one's eyes over history
    filozof   : philosopher
    bilim adamı   : scientist
  · idareci   : administrator
    En büyük keşif ve icatlar erkekler
      tarafından yapılmış.   : The most important discoveries and inventions were
                                           made by men
    başarılı   : successful
    tartışma   : discussion
    tartışma açmak   : to open a discussion (debate)
    örnek vermek   : to give an example
    Kadınlar arasından çıkan bilgin ve
      filozofların sayısı yüzde bir bile
      değil.   : The number of women scientists and philosophers don't
                                           even reach one percent.
    başbakan   : Prime Minister
    diğer ülkelerin başbakanları   : The Prime Ministers of other countries
    yüzde doksan   : ninety percent
    birkaç örnek   : a few examples
    akıllı   : wise, clever
    birini, birşeyi idare etmek   : to manage someone or something
    bir konuyu büyütmek   : to exaggerate
    perişan eylemek   : to ruin
    konuyu başka tarafa sürüklemek   : to diverge from the topic
    Yıllardır bir kadın olarak neler
      hissettiğimi anlamadın.   : You have never understood what my feelings have been
                                           as a woman for years.

yemek yapan, bulaşık yıkayan bir makine gibi	: just like a machine for cooking meals and washing dishes
Sen beni ne zannediyorsun?	: What do yo think I am?
hizmetçi	: a servant
eş	: spouse
aile faciası	: a family calamity
bir şey yapmaktan vazgeçmek	: to change one's mind about doing something
Eğer gazetede yazılanlar doğruysa, kadınlar hızla çoğalacak ve dünyanın idaresi onların eline geçecek.	: If what the newspapers say is correct, women will increase rapidly and take over the management of the world.
İşte o zaman dünya huzura kavuşur.	: Ah, then the world will become peaceful.
İşte o zaman dünya mahvolur.	: Ah, then the world will be in chaos.
dedikodu	: gossip
dedikodu yapmak	: to gossip
savaş yapmak	: to make war (on)
Dedikodu yapmak, savaş yapmaktan daha az tehlikelidir.	: To gossip is much less dangerous than to make war.
eninde sonunda	: in the end
dünyayı yok etmek	: to destroy (annihilate) the world
biriyle baş etmek	: to manage with someone

KADINLAR ERKEKLERDEN DAHA ÇOK YAŞIYOR : WOMEN LIVE LONGER THAN MEN

82 Amerika'da mevcut yaşama istatistiklerine göre	: According to the statistics in America about life (span)
bulgu	: discovery
kadın sayısı	: the number of women
erkek sayısı	: the number of men
iki milyondan daha fazla	: over two million
ayrıca	: in addition
yapılan araştırmalara göre	: according to the investigations
25 yaş ve yukarısı gruplar	: groups of 25 years and over
bir şeyin bir şeye oranla daha çok artması	: for something to increase much more compared to something else
65 yaş ve yukarısı her 100 erkek için	: for every 100 men of 65 and over
büyüme	: increase
kadınlar lehine	: in women's favour
dul	: widow (widower)
her üç dul kadına karşı bir dul erkek mevcuttur.	: there are three widows to every one widower
1950-1960 arasında	: between 1950-1960
dul kadın sayısı	: the number of widows (and divorcees)
çoğalmak	: to multiply, increase
azalmak	: to decrease
yeni doğan kız çocukları	: newly-born girls
yaşam süresi	: a lifetime
yeni doğan erkek çocukları	: newly-born boys
Tıp henüz bu soruya kesin bir cevap bulamamıştır.	: Medical Science has not yet discovered the answer
ortaya tez atmak	: to put forward a thesis
bunlardan bazıları	: some of these
ilmî bulgu	: scientific discovery
desteklemek	: to support
bir şeyle desteklenmiş	: supported by something
denge	: balance, equilibrium
dengesiz	: improportionate, unequal
dengesizlik	: improportion, inbalance, inequilibrium
iki şey arasındaki dengesizlik	: the inequilibrium (inbalance) between two things
tıbbî ve sosyal faktörler	: medical and social factors
dengesizliğin giderilmesi	: to equilibrate

meydana gelmek	: to occur
ülke	: country
bir şeyle uğraşmak	: to work on something
araştırıcı	: investigator, researcher
esasa inmek	: to get down to the basis
hayat süresi	: lifetime
izah etmek	: to explain
canlı	: live, living
dişi	: female
erkek	: male
uzun ömürlü olmak	: to have longevity
fare	rat, mouse
domuz	: pig, swine
hayvan	: animal
biyolojik yapı bakımından	: from the biological aspect
ima etmek	: to allude, to hint at
mahiyet	: essential character, true nature
83 ihtimal	: probability
istatistikî	statistic
ana rahmi	: womb
dişi cenin	: female foetus
erkek cenin	: male foetus
Dişi ceninlerin ölüm oranı, erkek ceninlere nazaran % 50 daha azdır.	: The ratio of death in the female foetus is 50% less compared to male foetuses.
erken doğum	: early birth
doğumu takip eden ilk ay içinde	: within the first month after (the) birth
100 çocuktan 75'i	: 75 children out of 100
muayyen bir yaşa kadar	: up to a certain age
kalp hastalıkları	: heart diseases
kalp hastalığına yakalanmak	: to have heart disease
40 ile 70 yaş arasındaki kritik yaş grubu	: the critical age group, between 40 and 70 years old
ülser	: ulcer
kanser	: cancer
zatürre	: pneumonia
tüberküloz	: tuberculosis
gut hastalığı	: gout
hastalığa yakalanmak	: to catch (have) an illness

TÜRKİYE'DE DURUM	: **THE SITUATION IN TURKEY**
kadın nüfusu	: the population of women
erkek nüfusu	: the population of men
sayım	: census
1965 sayımına göre	: according to the census of 1965
genel nüfus	: the general population
20 ve ondan sonraki sıfırlı yaş grupları	: the age groups with zeros in them from 20 onwards
Devlet İstatistik Enstitüsü Nüfus Şubesi Müdürlüğü	: The State Statistics Institute Population Directorate
çizelge	: a list, table
şans	: opportunity, luck
şansı olmak	: to be lucky

SEN DE HAKLISIN	: **YOU ALSO ARE (IN THE) RIGHT**
84 kadı	: a judge
davacı	: complainant
şikayet	: complaint
şikayet etmek	: to complain, to put forward a charge
dikkatle dinledikten sonra	: after listening carefully
haklı olmak	: to be (in the) right
kişinin kendini savunması	: to defend oneself
karşılık vermek	: to answer back
bir şeye şaşırmak	: to be astonished at something
aklı bir işe ermemek	: for something to be incomprehensible to someone
istifini bozmamak	: without change of demeanour

85	**CIMBIZLI ŞİİR**	:	**A "PINCER" POEM**
	atom bombası	:	the atom bomb
	Londra Konferansı	:	London Conference
	cımbız	:	pincers
	ayna	:	mirror
	bir şey umurunda olmamak	:	not to care (bother) about anything

86	**DİLBİLGİSİ**	:	**GRAMMER**
	Yardımcı eylemler: etmek, olmak,		
	eylemek, kılmak	:	**Auxiliary Verbs = etmek, olmak, eylemek, kılmak**
	etmek	:	**Verbs requiring "etmek"**
	söz etmek	:	to mention, say
	yolcu etmek	:	to see someone off
	memnun etmek	:	to please someone
	hakaret etmek	:	to insult
	kabul etmek	:	to accept
	berbat etmek	:	to spoil

bitişik yazılanlar	:	**Verbs with "etmek" (written together)**
hissetmek	:	to feel
zannetmek	:	to suppose
affetmek	:	to forgive
sabretmek	:	to be patient
keşfetmek	:	to discover
kaybetmek	:	to lose
şükretmek	:	to be thankful
azmetmek	:	to be determined

87	**olmak**	:	**Verbs with "olmak"**
	erkek olmak	:	to be early
	başbakan olmak	:	to be (a) Prime Minister
	kutlu olmak	:	to be prosperous
	memnun olmak	:	to be pleased
	hasta olmak	:	to be ill
	doktor olmak	:	to be a doctor

Bitişik yazılanlar	:	**Verbs with "olmak" (written together)**
hissolunmak	:	to be felt
zannolunmka	:	to be supposed
reddolunmak	:	to be rejected

88 **-r, -ar (-er), -ır (-ır, -ur, -ür) olmak** : **-r, -ar (-er), -ır (-ır, -ur, -ür) olmak**

Berna hanım kızar gibi oldu. : (Ms) Berna looked as if she might become angry.

Hasretinden her gün yollara bakar
oldum. : I kept watching the road for you.

Rüyalarımda hep seni görür oldum. : I kept seeing you in my dreams.

-maz (-mez) olmak **-maz (-mez) olmak**

Lütfi Bey gazete okuyamaz oldu. : (Mr) Lütfi became unable to read the newspaper.

Futbola başlayınca ders çalışamaz
oldu. : When the football (season) started he became unable to do his lessons.

-mış (-miş, -muş, -müş) olmak : **-mış (-miş, -muş -müş) olmak**

Lütfi Bey sonunda her şeyi söylemiş
oldu. : (Mr.) Lütfi told (them) everything in the end.

Saat tam ikide misafirler bize gelmiş
olacak. : At exactly two o'clock our guest will have come.

Mektubu bugün yollamakla hata mı
yapmış oldum? : Have I made a mistake in sending my letter today?

-acak (-ecek) olmak : **-acak (ecek) olmak**

Berna Hanım bir ara susacak oldu söze
yeniden başladı. : (Ms) Berna looked as if she'd be quiet, then she started speaking again.

Biraz hızlı koşacak oldu; herkes ona
bakınca vazgeçti. : He was going to run fast, but when everyone looked at
him he changed his mind.

kılmak
Erkenden sabah namazını kıldı. : He performed his worship early in the morning.
Bu olay bana çok etki etti. : This experience had a great effect on me.
Bu olay beni çok etkiledi. : This experience affected me a lot
sigarayı yasaklamak : to prohibit smoking

8 **MEVLÂNA** : **MEVLANA**
94 uzun zamandan beri : for a long time
Mevlâna'nın türbesi : Mevlana's mausoleum
ziyaret etmek : to visit
ziyaret etmeyi istemek : to want to visit
Konya, Ankara'dan sadece üç saatlik
bir mesafedeydi. : From Ankara to Konya is only a distance of three hours
(drive).
buna rağmen : in spite of this
fırsat bulmak : to find the opportunity
Mevlâna 17 Aralık 1273 tarihinde
Konya'da ölmüştü. : Mevlana died in Konya on 17 December 1273.
Mevlâna Haftası : Mevlana Week
dünyanın her tarafından gelen binlerce
kişi : thousands of people coming from all over the world
bir şeye katılmak : to take part in
sergi açmak : to hold an exhibition
konferans vermek : to give (hold) a conference
mevlevî ayini : the ceremony of the Dervishes
ayin düzenlemek : to organise that ceremony
gidip gitmemekte tereddüt etmek : to hesitate as to whether to go or not
karar vermek : to decide
yer ayırtmak : to reserve a place
gecikmek : to be late
otelde yer bulmak : to find a place in a hotel
son ana kadar : up to the last minute
çalışıp durmak : to work non-stop
Kalan işleri dönüşte yapmaya karar
verdi. : She decided to do the rest of the work on her return.
yola koyulmak : to set off
kış olmasına rağmen : in spite of it's being winter
hayranlıkla : with admiration
etrafa bakakalmak : to keep looking around
Mevlâna'nın manevî huzuru : the spiritual presence of Mevlana
buluşmak : to meet someone
dolup taşmak : to be overcrowded
sanduka : sarcophagus
95 dua etmek : to pray
Mevlâna'nın yakınları : Those close to Mevlana
mukaddes : sacred
emanet : things left in security
bir şeyleri sergilemek : to exhibit some things
müze : museum
donup kalmak : to be full of awe
renk renk : multi-coloured
nakış : embroidery
oyma : carving, crotchetted edgings
el işlemeleri : handicrafts
tavan : ceiling
sarkmak : to hang down
avize : chandelier
incelemek : to examine
kalabalık : crowd
kalabalıktan kurtulmak : to escape the crowds
dışarı çıkmak : to go out

28

arkadan gelmek	: to come (follow) after
birini kaybetmek	: to lose someone
minare	: minaret
minareye çıkmak	: to go up the minaret
bir şeyi yukardan seyretmek	: to watch something from up high
yorgun olmak	: to be tired (weary)
cami	: mosque
avlu	: courtyard
cami avlusu	: the courtyard (forecourt) of the mosque
kuşbakışı	: bird's eye view
ufacık	: tiny
gözükmek	: to look as if
birini bekletmemek için	: so as not to make someone wait
oyalanmak	: to loiter
aşağı inmek	: to descend
ballandıra ballandıra anlatmak	: to narrate with much exaggeration
bir yere doğru yola koyulmak	: to set off towards somewhere
Selçuklu Devleti'ne ait	: to belong to the Seljuk period
eser	: a work
ünlü	: famous
seyretmek	: to watch

MEVLÂNA'NIN FELSEFESİ	: **MEVLANA'S PHILOSPHY**
96 salon	: hall
semazen	: Dervish dancer
semazenlerin dönüşleri	: spinning of the Dervish dancers
evren	: universe
dönmek	: to spin (turn) round
Mevlâna'ya göre evrende her şey döner.	: According to Mevlana, everything in the universe spins
ay	: the moon
güneş	: the sun
yıldız	: a star
gezegen	: a planet
zerre	: molecule, particle
genel kanun	: common law
dile getirmek	: to put into words
yukarı	: up
aşağı	: down
Hak'tan aldığını, halka vermek	: to give to the people that which was got from God
günümüzden yedi yüzyıl önce	: from seven centuries ago up to today
atomların, yıldızların hareketleri	: the movements of the stars, the atoms
bilimde çok ileri olmak	: to have progressed in science
bilim	: science
din	: religion
felsefe	: philosophy
şair	: poet
düşünür	: thinker
hümanist	: hümanist
birlik, beraberlik	: cooperation
kafir	: infidel
putperest	: idolator
Yahudi	: jewish
dergâh	: dervish monastery
ümit	: hope
ümitsizlik	: hopelessness
yüz kere	: a hundred times
tövbe bozmak	: to break one's oath
şiir	: poem
dindar	: religious man
İslamiyet	: Islamiyet (The Islamic Religion)
97 yanlış anlamak	: to misunderstand
Müslümanlık	: the Moslem Faith
en doğru şekilde	: in the most correct way

anlamak	: to understand
anlatmak	: to explain
Bakara Suresi	: the chapter (Sura) of Bakara of the Koran
ayet	: verse/passage of the Koran
Hıristiyan	: Christian
Sabii	: Sabean
iyi işler yapanlar	: those doing good works
Tanrı katı	: the presence of God
mükafat	: reward
açıkça	: openly, clearly
yararlı işler yapmak	: to do useful works
şart	: condition
Allah'ın peygamberleri	: God's prophets
Allah'ın kitapları	: God's Books
bir şeye inanmak	: to believe in something
hadis	: record of a saying or action of the Prophet Muhammad, handed down by his companions, tradition
insanları doğru yola getirmek	: to bring Man onto the right road
vasıta	: means
yaratılmış	: created
hoş görmek	: to tolerate
yaratan	: the one who creates
mısra	: line of verse
Uzun söze gerek yok.	: A lecture is not necessary. (There is no need for a long speech)
konuşmaya dalmak	: to be lost in talk
müziği dinlemek	: to listen to music
düşünceleri belirtmek	: to tell one's thoughts
müziği, dansı ve düşünceyi birleştirmek	: to unite music, dance and thought

GÜZEL SÖZLER : **NICE SAYINGS**

Her din, öteki dinler kadar doğrudur.	: Every religion is as right as the others.
Dinsizin hakkından imansız gelir.	: To an ungodly fellow, a faithless brute. (Set a thief to catch a thief).
Dinini pula satan, dinden de olur, puldan da.	: He who barters his religion for a mite loses both his religion and money.

İSTEKLER BİR DİLLER AYRI : **THE WANTS ARE ONE, THE LANGUAGE DIFFERENT**

98 ayrı	different
millet	: nation
milletten	: from a nation
arkadaş olmak	: to be friends
seyahat etmek	: to tour, go on a trip
Paraları yoktu.	: They had no money.
birinin haline acımak	: to feel pity for someone
içlerinden Arap olan	: The Arabian from among them
Arapça	: Arabian (language)
üzüm	: grape (s)
itiraz etmek	: to object
Farsça	: Persian
Rumca	: Greek
sonunda	: in the end
bir şeye dayanamamak	: to be unable to bear something
tartışmaya başlamak	: to start a discussion
işin kavgaya dökülmesi	: for an incident to change to a fight
yumruk yumruğa dövüşmek	: to fight fist to fist
aynı şeyi söylemek	: to say the same thing
istekleri yerine getirmek	: to meet the demands
Gönlünüzü bana teslim edin.	: Believe in me (to meet your wishes).
murat	: desire, aim
muratları yerine getirmek	: to fulfil the desires
çarşı	: shopping district, market place
şaşakalmak	: to be astonished

DEVECİ İLE FİLOZOF	: THE CAMELKEEPER AND THE PHILOSOPHER
99 bedevî	: nomad, Bedovin
deve	: camel
çuval	: sack
yüklemek	: to load
deveye binmek	: to mount a camel
üstü başı perişan bir filozof	: a ragged philosopher
birine rastlamak	: to bump into someone
laf arasında	: in the middle of talk
buğday	: wheat
kum	: sand
boş kalmak	: to be idle
dengede tutmak	: to hold a balance
akıllılık etmek	: to be clever enough to do something
yük	: a load
hafiflemek.	: to lighten
bir fikri çok beğenmek	: to like an idea
merakı yenememek	: to be unable to overcome one's curiosity
yaya yürümek	: to walk
sultan	: Sultan
vezir	: Vizier
öküz	: ox
yer yurt	: homeland, place to live in
yalınayak, başkabak dolaşıp durmak	: to walk around barefoot and in tatters
hayal	: dream, illusion
baş ağrısı	: headache
bir şey elde etmek	: to obtain something
bir yerden uzaklaşmak	: to go away from somewhere
nasihat	: advice
zarar vermek	: to harm
başa dert açmak	: to give trouble to
faydasız	: useless
felsefe	: philosophy

DİLBİLGİSİ   : GRAMMAR

Sürerlik eylemleri: -a (-e) durmak, kalmak   : **Durative verbs: -a (-e) durmak, kalmak**

100 Sen müzeye kadar gidedur, ben hemen
geliyorum.   : You go on to the museum, I'm coming immediately.

Onlar otobüsü bekleyedursunlar,
biz yürüyerek on dakikada
gideriz.   : Let them wait for the bus, we'll get there in ten minutes on foot.

-a (-e) kalmak   : **-a (-e) kalmak**

Tülay Hanım hayranlıkla etrafına
bakakaldı.   : (Ms.) Tülây looked, awestruck with admiration all around.

Sekizinci kattan düşen çocuğun
ölmediğini gören halk, hayretten
donakaldı.   : The people were left awestruck that the child they had seen fall from the eighth floor was not dead.

-p (-ıp, -ip, -up, -üp) durmak, kalmak : **-p (-ıp, -ip, -up, -üp) durmak, kalmak**

Semazenlerin dansına yabancılar şaşırıp
kaldılar.   : The foreigners were left astonished at the Semazens dancing.

Bir yabancı devamlı fotoğraf çekip
duruyordu.   : One foreigner kept taking photographs.

düşünüp durmak   : to keep thinking of
bakıp kalmak   : to keep looking
okuyup durmak   : to keep reading

Tülay Hanım Mevlâna'yı düşündü
durdu.:   (Ms.) Tülây kept thinking of Mevlana.

Otobüste bir çocuk devamlı ağladı
durdu.   : A child kept crying in the bus.

İLAHİ	: A RELIGIOUS POEM
105 dünü günü	: day and night
varlık	: riches, wealth
yokluk	: poverty
yerinmek	: to feel sorry (about), to regret
bir şey ile avunmak	: to divert oneself with something
aşık	: lover
aşk denizine dalmak	: to fall into the sea of love
tecelli	: destiny
şarap	: wine
şarap içmek	: to imbibe wine
Mecnun olmak	: to be insane
dağa düşmek	: to take the road (to insanity)
endişe	: anxiety
Sufî	: Sufi
sohbet	: chat
Ahî	: Ahi
ahret	: the hereafter, the next world
kül	: ash
gök	: the sky
bir şeyi savurmak	: to scatter (disperse) something
artmak	: to increase
od	: love (here)
cihan	: world
maksud	: purpose

9 SAVAŞ VE ÖLÜM DÜZENİ	: THE ORDER OF WAR AND DEATH
106 genişlemek	: to develop, to enlarge
silahlanmak	: to take up arms
yarış	: race
silahlanma yarışı	: the arms race
güvenlik	: Security
dünya ülkeleri	: the countries of the world
savunma	: defense
masraf	: expense(s)
para harcamak	: the spend money
rakam	: figure
gün geçtikçe	: as the days pass
kalkınma	: development
yardım	: aid
para ayırmak	: to set aside funds
fazla bulmak	: to find something too much
manzara	: portrait
nispetsizlik	: improportion, inbalance
delilik	: madness
çılgınlık	: craziness
bir şeyin tam ifadesi olmak	: for something to be expressed precisely
şifa bulmak	: to find a remedy
örnek	: example, sample
yakın geçmiş	: recent past
maddî manevi	: morale and material
kayıp	: loss
durumu değerlendirmek	: to evaluate a situation
I. DÜNYA SAVAŞI	: THE FIRST WORLD WAR
Temmuz	: July
Ocak	: January
Avusturya	: Austria
Macaristan	: Hungary
Belçika	: Belgium
Bulgaristan	: Bulgaria
Fransa	: France
Almanya	: Germany
Britanya	: Britain
İtalya	: Italy
Romanya	: Romania

	Rusya	: Russia
	Yugoslavya	: Yugoslavia
	Osmanlı İmparatorluğu	: The Ottoman Empire
107	taraflar	: sides
	silah	: arms, armament
	net harcama	: net expenses, outgoings
	Toplam sefer kadrosu	: Role of soldiers
	Ölenler	: the dead
	Kayıplar	: the missing
	Öldürülen veya arızadan ölen siviller	: Civilians slaughtered or accidentally killed

II. DÜNYA SAVAŞI : THE SECOND WORLD WAR

Ağustos	August
Mayıs	: May
İngiltere	: Britain
Kanada	: Canada
Çin	: China
Hindistan	India
Japonya	: Japan
dahil olmak	: including

YOK ETMEK YERİNE HAYRA HARCANSAYDI : FUNDS COULD BE SPENT FOR GOOD INSTEAD OF ANNIHILATION

108	yok etmek	: to annihilate, eliminate
	hayır	: benefit, charity, well-being, good
	harcamak	: to spend
	her yıl	: every year
	harp gücü	: war force (power)
	açlık	: starvation
	sefalet	: misery, poverty
	hüküm sürmek	: to rule, to govern
	humma	: plague, fever
	hummalı bakışlı	: feverish looking
	şiş karınlı	: with a bloated stomach
	çığlık	: a scream
	kazanç	: a profit
	silah endüstrisi	: arms industry
	çılgın kahkahalar	: crazy laughter
	iki şeyin birbirine karışması	: for two things to be mixed up with each other
	birilerini hayra çekmek	: to urge someone to do charitable works
	düşünür	: thinker
	eylem adamı	: man of action
	hesap yapmak	: to do accounts, to calculate
	harp	: war
	araç	: means
	gereç	: material
	atom denizaltısı	: atomic submarine
	.... lira değerinde	: worth ...... lira
	tam teşekküllü	: properly organised
	hastane	: hospital
	süpersonik uçak	: supersonic aircraft
	az gelişmiş ülke	: underdeveloped country
	yeni	: new
	sağlık şartlarına uygun	: suitable for health
	konut	: accomodation
	inşaat	: building, construction
	bombardıman uçağı	: bomber
	bir yıllık maaş	: one year's salary
	maaş ödemek	: to pay a salary
	adet	: items, units
	traktör	: tractor
	satın almak	: to buy
	öğrenci okutmak	: to have a student taught
	kapasite	: capacity

teknik üniversite	:	technical university
üniversite açmak	:	to open (found) a university
tam techizatlı	:	fully equipped
askerî harcamalar	:	expenses for the armed forces
bir şey pahasına	:	at a price, at the cost of
silah altında olmak	:	to be armed, to take up arms
bir şeye mukabil	:	in place of (in return for) something
lise tahsili	:	secondary education
Birleşmiş Milletler	:	United Nations
karar almak	:	to decide
üye devletler	:	member states
bir günlük	:	for one day
kalkınma	:	development
"Barış İçin Bir Gün"	:	"A Day Set-Aside For Peace"
her iyi şey gibi	:	as for every good thing
tatbik etmek	:	to implement
savaş tehlikesi	:	danger of war
açlık	:	starvation
cehalet	:	ignorance
nüfus artışı	:	population increase
insanlığı tehdit eden belalar	:	the evils threatening Man
kapsamına almak	:	to cover
anlaşma	:	agreement(s)
ihtiyacı olmak	:	to need
Zaman kısalmıştır.	:	Time is short.
önem vermek	:	to give importance to
karamsar görünmek	:	to look pessimistic
önümüzdeki on yıl içinde	:	within the next ten years
kişisel	:	personal
kavga	:	fight
bir şeyi unutmak	:	to forget something
silahsızlanma	:	disarmament
hava zehirlenmesi	:	air-poisoning (from pollution)
sorun	:	a problem
elbirliği	:	cooperation
insanlık	:	humanity, Man
felaket	:	disaster
önü alınamaz br düzeye ulaşmak	:	to reach the place of no return (to reach a level where prevention is impossible)

İLERLEMEDEN YOK OLMAYA	**:**	**ANNIHILATION BEFORE PROGRESS**
109 ilerlemek	:	to progress
yok olmak	:	not to exist
akıllı	:	clever
canlı türleri	:	live beings
kendini yok etmek	:	to eliminate oneself
bir şey yapmaya itmek	:	to urge (force) to do something
evrimsel	:	universal
evrimsel bir akım	:	a universal trend
evrimsel ilerleme	:	universal progress
bir şeyin temelinde	:	on the basis of something
rekabet	:	rivalry, competition
yaşam	:	life, lifetime
bir şey için savaşmak	:	to go to war for a cause
varlık	:	creature
bir lokma ekmek için	:	just for a crust of bread
mücadele etmek	:	to fight (struggle for)
başkaları	:	others
engellemek	:	to hinder
uzun vadeli	:	long term
yarar	:	benefit, use
teknoloji	:	technology
teknolojik ilerleme	:	technological progress
ölümcül	:	deathly
bir şeye yol açmak	:	to cause something
bir işe yaramamak	:	to be useless

öldürmeye yönlendirilmek	: to be urged (directed) to kill
gelişmiş teknolojiler	: developed technology
gelişmiş teknolojilerin ürünleri	: products of developed technology
öfke ve korku dürtüleri	: the goads of fear and rage
insan türü	: mankind
bir noktaya varmak	: to reach a point
bir şeyi seferber etmek	: to mobilise towards something
nükleer savaş	: nuclear war
dünya	: the world
uygarlık	: civilization
sonsuza kadar	: for eternity
bir şeyi ortadan kaldırmak	: to eliminate
gezegen	: planet
endüstri ve kimya artıkları	: industrial and chemical waste
zehirlemek	: to poison
genetik	: genetic
laboratuvar	: laboratory
hastalık yaratmak	: to create illness
bir şeyi ortaya koymak	: to put forward something
evrim geçirmek	: to go through an evolution
iletişim kurmak	: to set up (instal) communications
bir şeyin sallantıda olması	: for something to hang fire
dünyadaki yaşam	: life on the earth
bir şeye izin vermek	: to give permission for something

DİLBİLGİSİ : **GRAMMAR**

Addan eylem yapan ekler -la (-le) : **Affixes changing nouns to verbs -la (-le)**

110 su : water
sulamak : to water
Bahçedeki bütün çiçekler suandı. : All the flowers in the garden were watered.
temiz : clean
temizlemek : to clean
Elbiselerdeki kir lekeleri temizlendi. : The dirty marks on the clothes were cleaned off.
göz : eye (s)
gözlemek : to watch
Büyükanne yıllardır çocuklarının yolunu gözlüyor.

: The children's grandmother has waited for the children to come for years.

yol : road, route
yollamak : to send
Mektubu bu sabah postayla yolladım. : I sent the letter by post this morning.
hazır : ready
hazırlamak : to make ready

-lan (-len) : **-lan (-len)**
ses : sound, voice
seslenmek : to call
Öğretmen öğrencinin arkasından seslendi.

: The teacher called after the student.
öfke : anger, rage, temper
öfkelenmek : to become angry
Baba oğluna öfkelendi. : His father was angry (lost his temper) with his son.
hoş : nice
hoşlanmak : to like, to be fond of
borç : debt
borçlanmak : to be in debt
ev : a house
evlenmek : to marry

-al (-el), -l : **-al (-el), -l**
boş : empty, vacant
boşalmak : to empty
Herkes tatile gidince evler boşaldı. : When everyone went on holiday the houses became empty.
düz : straight, smooth
düzelmek : to straighten (out)

Banka kredi verince, işler iyice düzeldi.	: When the bank granted (him) some credit, (his) business affairs straightened out.
az	: little
azalmak	: to lessen
ince	: thin
incelmek	: to get thinner, to thin out
kısa	: short
kısalmak	: to shorten, to get short

-a (-e) : **-a (-e)**
111 yaş : age
yaşamak : to live

Ölünceye kadar eşi ve çocuğuyla mutlu yaşadı.	: He lived happily with his wife and child until his death.
kan	: blood
kanamak	: to bleed
boş	: empty, vacant
boşamak	: to divorce
tür	: species, kind
türemek	: to crop up, to multiply, to propagate

-ar (-er) : **-ar (-er)**
yaş	: moist
yaşarmak	: to become moist (with tears)
mor	: purple
morarmak	: to become purple (bruised)
kara	: black
kararmak	: to become black
ak	: white
ağarmak	: to become white
sarı	: yellow
sararmak	: to become yellow

-laş (-leş) : **-laş (-leş)**
mektup	: letter
mektuplaşmak	: to correspond by letter
güzel	: beautiful
güzelleşmek	: to become beautiful
yer	: place, space, territory, ground
yerleşmek	: to establish oneself, to settle down
dert	: trouble
dertleşmek	: to exchange troubles with someone
güç	: difiiculty
güçleşmek	: to become more difficult

-sa (-se) : **-sa (-se)**
su	: water
susamak	: to become thirsty
garip	: odd, strange
garipsemek	: to find something strange; to feel lonely and homesick
önem	: importance
önemsemek	: to give importance to
umur	: care
umursamak	: to care about

-msa (-mse) : **-msa (-mse)**
ben	: I
benimsemek	: to consider your own
az	: little, scant, insufficient
azımsamak	: to consider something inadequate
kötü	: bad, malicious, faulty
kötümsemek	: to consider something bad
küçük	: small
küçümsemek	: to consider inferior

10	**İSTANBUL'DA DOSTLUK GÖRÜŞMESİ**	: **A FRIENDLY MEETING IN ISTANBUL**
114	İnsanlar birbirlerini neden öldürürler?	: Why do people kill each other?
	durmadan savaşmak	: to war without pause
	barış içinde olmak	: to be at peace
	kin	: enmity, malice
	nefret	: hate, hatred
	yüzyıllardan beri milletler arasındaki bitmeyen bu kavga kin ve nefret niçin?	: What is this never-ending fight, malice and hatred which has continued between the nations for hundreds of years for?
	bilgin	:
	filozof	: philosopher
	din adamı	: man of religion
	bir sorunun cevabını aramak	: to seek the answer to a question
	İnsanları barışa, kardeşliğe çağırmış.	: He has called all men to be brothers, at peace (with one another)
	Bir yararı olmamış.	: It was useless!
	istatistiklere göre	: according to statistics
	insanlık tarihi boyunca	: throughout the history of mankind
	ortalama	: average
	savaş yapmak	: to make war
	yeryüzü	: the earth
	Savaş hiç bitmeyecek mi?	: Is there no ending to war?
	bir olaydan ders almak	: to learn a lesson from an incident
	Üçüncü Dünya Savaşı çıkacak mı?	: Will there be a Third World War?
	insanların barış ve kardeşlik havası içinde olması	: Mankind being at peace and like brothers
	"Gençliğin Dünya Barışına Katkısı"	: "Youth's contribution towards World Peace"
	seminer	: seminar
	seminer düzenlemek	: to organise a seminar
	öğretim üyesi	: member of the teaching staff
	üniversite öğrencisi	: university student
	idareci	: administrator
	davet etmek	: to invite
115	seminere gelenler	: seminar participants
	muhteşem	: wonderful
	deniz manzarası	: sea view
	bir şeyle karşılaşmak	: to come across with something
	birer kişilik	: for one person
	ikişer kişilik	: for two persons
	oda ayırmak	: to reserve a room
	balkona çıkmak	: to go out on the balcony
	bir süre	: for a while
	denizi seyretmek	: to watch the sea
	otelin önü	: the front of the hotel
	kayık	: boat
	biblo	: figurine, bibelot
	yollar birer biblo gibi duruyordu.	: the roads lay like bibelots
	az ilerde	: a little ahead
	yük gemisi	: cargo boat (ship)
	yolcu gemisi	: passenger ship
	İstanbul Boğazının durgun suları	: the smooth water of the Bosphorous
	süzülmek	: to sail gracefully
	iyotlu	: with iodine
	havayı ciğerlere doldurmak	: to fill the lungs with air
	şehir turu	: a tour of the city
	şehir turu yapmak	: to tour the city
	yat ile gezinti yapmak	: to take a trip by yacht
	eski yalı ve köşkler	: the old villas and waterside residences
	yağlıboya tablo	: oil painting tableau
	bir şeyi andırmak	: to remind one of something
	renk cümbüşü	: orgy of colours
	misafir	: guest

vaktin nasıl geçtiğini anlamamak	:	not to know where the time went
Hemen akşam oluverdi.	:	It was suddenly evening.
bir şey için sabırsızlanmak	:	to have impatience for something
geri dönmek	:	to go back, return
şehirde dolaşmak	:	to wander around the city
izin istemek	:	to request leave
bir yeri, bir kimseyi temsil etmek	:	to represent a person, or place
konuşma yapmak	:	to give a talk (speech)
metin hazırlamak	:	to prepare a paper (article)
içi rahat olmak	:	to feel
otel lobisi:		hotel lobby
çalışma salonları	:	studies (rooms)
bir şeyin havasına girmek	:	to get into the atmosphere of
hararetli hararetli tartışmak	:	to discuss enthusiastically
erken yatmak	:	to go to bed early
tercih etmek	:	to prefer
dünyayı barışa davet etmek	:	to invite everyone to world peace

GENÇLİĞİN EĞİTİMİ VE DÜNYA BARIŞI

: **EDUCATION FOR THE YOUNG AND WORLD PEACE**

116	dünyanın çeşitli yerleri	: various places of the world
	"Gençliğin Dünya Barışındaki Rolü"	: "Youth's Role in World Peace"
	bir konuyu görüşmek	: to discuss a topic with someone
	gençliğin eğitimi	: education of youth (the young)
	dünya barışı	: world peace
	bir şeyin bir başka şey üzerindeki etkisi	: the influence of one thing on another
	tarla	: field
	pirinç	: rice
	pirinç ekmek	: to plant (sow) rice
	buğday	: wheat
	buğday ekmek	: to sow wheat
	beyin	: brain
	iyi düşünce tohumları	: good thought seeds
	kötü düşünce tohumları	: bad thought seeds
	meyve (mahsül) almak	: to harvest crops
	tarih boyunca	: throughout history
	zulüm	: cruelty
	vahşet	: violence
	roman yazmak	: to write a novel
	hikaye yazmak	: to write a story
	film çevirmek	: to film
	geçmişimiz	: our past
	tarihimiz	: our history
	dost	: friend
	düşman	: foe
	zihin	: mind
	düşmanca fikirler	: hostile ideas
	zihinde fikir oluşması	: the originating (forming) of an idea
	Böylece geçmişteki savaş ve kavgalar geleceği de etkiler.	: Thus, past war(s) and battles influence the future, too.
	tohum ekmek	: to sow seeds
	Yani çocukların ve gençlerin beynine düşmanlık tohumları da ekilmiş olur.	: In other words, into the brains of the children and youth hostile seeds will have been sown.
	barış çiçeği	: the flower of peace
	başkan	: Prime Minister
	bakan	: minister
	milletvekili	: member of Parliament
	general	: General
	geleceğe yön vermek	: to guide towards the future
	lider	: leader
	Öyleyse gençler dünyanın geleceğidir.	: Then, the young are the world's future.
	bir şeye önem vermek	: to give importance to
117	hak	: right
	öğretim	: instruction, teaching
	öğretim yapmak	: to give instruction, to teach

dostça geçinmek	:	to get on well with someone
dostça geçinme yollarının aranması	:	to seek ways to get on well with someone
atasözü	:	proverb
bir düşünceyi açıklamak	:	to explain a thought (idea)
Zararın neresinden dönülürse, kârdır.	:	An eliminated loss becomes a profit. (A loss becomes a profit when you can extricate yourself from a difficult situation.)
husus	:	matter, points
hastalığın tedavisi	:	treatment for illness
hastalığı yapan etkenler	:	influences making illness
teşhis etmek	:	to diagnose
bir şeyi meydana getiren sebepler	:	the reasons for something happening.
savaşı yaratan etkenler	:	influences creating war
barışı sağlamak	:	to secure peace
yanlış eğitim	:	faulty education
humanist duygular yerine, kin ve savaş duygularının aşılanması	:	injecting with feelings of malice and war, instead of humanist feelings
ırkçılık	:	racialism
ırk	:	race (of people)
kendi ırkını diğer milletlerden üstün tutmak	:	to consider one's own race superior to all others
bir şeyi yönetmeye kalkmak	:	to attempt to direct something
dinî inanç farkı	:	difference in religious beliefs
kültür farkı	:	difference of culture
ekonomik sebepler	:	economic reasons
ruhen sağlıklı olmak	:	to be spiritually healthy
siyasî rejim farkı	:	difference in political regime
savaş ve kavga güdüsü	:	war and battle driving force
psikolog	:	psychologist
sevgi güdüsü	:	drive (urge) of love
ispat etmek	:	to prove
emperyalist güçler	:	imperialistic power
takdir etmek	:	to appreciate
belirtmek	:	to indicate, to point out
bir şey üzerine tartışmak	:	to have a discussion on something
on dakikalık süre tanımak	:	to allow ten minutes for
Türk milletinin büyük önderi Atatürk'e göre	:	According to Turkey's great leader, Atatürk
vücut	:	body
organ	:	organ (of)
vücut organları	:	the organs of the body
rahatsız olmak	:	to be indisposed
"Yurtta Sulh, Cihanda Sulh"	:	"Peace at Home, Peace in the World"
ilke	:	principle, basis
ilke koymak	:	to set down principles
konulmuş ilkeye uymak	:	to conform to a set down principle
bağımsızlık	:	independence
bağımsızlığı kazanmak	:	to gain independence
savaşa katılmak	:	to participate in war
saldırı	:	attack
saldırıya uğramak	:	to be attacked
bir şey niyetinde olmak	:	to intend to do something
hassasiyetle	:	with sensitivity
bir konu üzerinde hassasiyetle durmak	:	to keep persistently to one subject
dünya barışını korumak	:	to protect world peace
nükler	:	nuclear
insanlığın var olması	:	the existence of mankind
insanlığın yok olması	:	the nonexistence of mankind
bir konu üzerinde durmak	:	to stick to the point
Hepinize saygılarımı sunar, barış içinde bir dünya dilerim.	:	My respects to all of you, I wish all of us a world at peace.
En kötü barış, en haklı savaştan daha iyidir.	:	The worst peace is better than the most righteous war.
Barış bile, büyük ücretlerle satın alınır.	:	Peace (even), is bought dearly.

İYİ İNSANLARA OLAN İHTİYAÇ	:	THE NEED FOR GOOD PEOPLE
118 gözlerini aç	:	keep your eyes open
zaman	:	time
dostluk	:	friendship
sempati	:	understanding
arkadaşlık	:	friendship
insanî emek	:	human effort
bir şeye ihtiyacı olmak	:	to need something
biri	:	someone
aramak	:	to seek
bulmak	:	to find
iş	:	work
araştırmak	:	to research
yapmak	:	to do, make
yalnız kalmak	:	to be (live) alone
yalnız kalmış biri	:	a person living alone
yaşamaktan usanmak	:	to be fed up with life
kırılmış biri	:	a broken man
kötürüm	:	paralysed
hayatta hiç başarı gösterememek	:	never to have had succes in life
talih	:	luck
talihsiz	:	unlucky
ihtiyar	:	old, aged
çocuk	:	child
boş bir gece	:	a free evening
paha biçilmeyen	:	priceless
heyecan	:	excitement
enerji kaynağı	:	source of energy
bir şey yapmaya muktedir olmak	:	to be able to do something
köşe bucak	:	here and there
beklemek	:	to wait for
denemek	:	to attempt, to try
ihmal etmek	:	to neglect
hayal kırıklığına uğramak	:	to be dissappointed
emin olmak	:	to be sure
bir şeye kendini alıştırmak	:	to accustom oneself to something
kendini birine teslim etmek	:	to deliver oneself to someone
tatmin edilmek	:	to obtain satisfaction
bir işe tam ruhla sarılmak	:	to get wrapped (lost) in the spirit of the job.

DİLBİLGİSİ : GRAMMAR

Eylemden ad yapan ekler

-m (-ım, -im, -um, -üm)	:	Suffixes changing Verbs to Nouns -m (-ım, -im, -um, -üm)
119 saymak	:	to count, consider
sayım	:	census, count
bilmek	:	to know
bilim	:	science
doğmak	:	to be born
doğum	:	birth
çözmek	:	to solve
çözüm	:	solution

-ı (-i, -u, -ü)	:	-ı (-i, -u, -ü)
saymak	:	to count
sayı	:	figure
dizmek	:	to arrange in a line or row, to string in succession
dizi	:	row, series, succession of
sormak	:	to question
soru	:	a question
örtmek	:	to cover
örtü	:	a cover

-gı (-gi, -gu, -gü)	:	-gı (-gi, -gu, -gü)
çalmak	:	to play (a musical instrument)
çalgı	:	musical instrument

bilmek	: to know
bilgi	: knowledge
duymak	: to hear, feel
duygu	: a feeling
görmek	: to see
görgü	: upbringing, breeding, social education
basmak	: to print
baskı	: a printing, edition
bitmek	: to end; to sprout
bitki	: a plant
tutmak	: to hold, to stick to
tutku	: addiction
-qgın (-gin, -gun,-gün)	: **-gın (-gin, -gun, -gün)**
kızmak	: to be angry
kızgın	: heated, red hot, angry
bilmek	: to know
bilgin	: scholar
yormak	: to tire
yorgun	: tired
üzmek	: to trouble, annoy, make sad
üzgün	: troubled, sad
bıkmak	: to be tired (weary) of
bıkkın	: weary
seçmek	: to select, choose
seçkin	: distinguished, outstanding
tutmak	: to hold
tutkun	: addict (-ed)
düşmek	: to fall
düşkün	: an addict, to be addicted to

	KARDA AYAK İZLERİ VAR	: **TRACKS IN THE SNOW**
123	kar	: snow
	ayak izi	: tracks
	vurulmak	: to be hit (shot)
	düşmek	: to fall
	Yüzleri tanınmayacak bir halde	: Faces in an unrecognizable state
	olduğu yerde kalmak	: to stay in one place
	ceset	: body
	hâtıra	: memory
	saatin durması	: the stopping of the clock
	yıldız	: star
	gece	: night
	güneş	: the sun
	açlık	: starvation
	susuzluk	: thirst
	kin	: rancour, malice
	matara	: metal or plastic water bottle
	ekmek torbası	: bread bag
	silah	: rifle, gun
	elbise	: clothes
	şapka	: hat
	üşümek	: to be cold
	ocak ateşi	: stove fire
	elleri ısıtmak	: to heat the hands
	en yakın tanıdık	: the closest acquaintance
	işitmek	: to hear
	kurt	: a wolf
	başucu	: near, close to
	tren	: train
	gemi	: a ship
	birini geri getirmek	: to bring someone back

11	**NEVŞEHİR'DE**	: **IN NEVŞEHİR**
124	gezegen	: planet

kendini bir yerde sanmak	: to suppose oneself somewhere
vadi	: valley
sessiz	: quiet
ıssız	: deserted
halk	: people
peri	: fairy
cin	: djinn, genie
bir şeye inanmak	: to believe in something
korkmak	: to fear
esrarengiz	: mysterious
peribacaları	: fairy chimneys
garip kayalar	: strange looking rocks
renkli vadiler	: coloured valleys
başka bir gezegeni andıran yüzey şekilleri	: forms and shapes resembling those of another planet
mağara	: cave
mağaraların içi	: inside the caves
renkli resimler	: coloured pictures
şeytan	: the devil, satan
cin	: djinn, genie
bir şeyi bir başka şeyle ilgili sanmak	: to think one thing is relative to another
resim yapmak	: to paint (draw) a picture
Peki bu mağaralardaki resimleri kimler yapmış?	: Right! Who painted the pictures in these caves?
Eskiden burada yaşayan Hıristiyanlar yapmış.	: The Christians who lived here in the olden times.
Hz. İsa	: Jesus Christ
Meryem Ana	: Mother Mary
azizler	: the saints (disciples)
kilise	: church
ibadet etmek	: to worship
125 Hıristiyanlığın yasak olduğu dönemler	: The periods when Christianity was forbidden (prohibited)
gizli	: secret
yerleşme merkezi	: a community, settlement
milattan önce	: Before Christ
Bu yerleri gezmek için iki gün kesinlikle yetmez.	: Two days is definitely not enough to walk around all these places.
bir yeri genel özellikleriyle tanımak	: to get a general idea of a (one) place
çömlek	: earthenware-pot
meşhur	: famous
halı tezgahı	: carpet-weaving loom
genç kız	: a young girl, a maiden
halı işlemek	: to weave a carpet
mermer	: marble
mermer işleri	: marble craftsmanship
mermerden yapılmış süs eşyaları	: ornaments made of marble
esrarengiz	: mysterious
ürkütücü	: startling
görünüm	: scene, sight
yeraltı şehirleri	: underground cities
köylüler	: peasants
yerin sekiz kat altı	: eight floors (layers) under ground
tünel	: tunnel
sürünmek	: to crawl
tünelden sürünerek geçmek	: to crawl through a tunnel
oturma salonları	: sitting rooms
dinlenmek	: to rest
uygun	: suitable
yanılmak	: to err
bir şey hakkında fikir edinmek	: to obtain an idea about something
daha sonraki gelişimiz	: next time we come, our next visit
bir şeyin içine oyulmuş	: for something to be hollowed out of something
karın doyurmak	: to feed (satisfy) oneself
güzellik	: beauty

acıktığını fark etmek	: to notice one is hungry
enerji sarf etmek	: to expend energy

NEVŞEHİR'İN SEKİZ KAT ALTINDAN : **EIGHT FLOORS BENEATH NEVŞEHİR**

126 Anadolu	: Anatolia
gizem	: mystery
bir şeyi ele vermek	: to give away (a secret or mystery)
kasaba	: town
kasabaların altında	: below the towns
yeraltı kenti	: undergroud city
bir şeyin ortaya çıkarılması	: to unearth something, to discover
binlerce yıllık geçmişe sahip olmak	: to have a past going back thousands of years.
tabiat	: nature
bilinmeyen akıllı yaratıklar	: unknown clever creatures
mühendislik bilgisi ve tekniği	: engineering knowledge and technique
Bir tavuğun marifeti	: The Feat of a Hen
bir olayın büyük sonuçlar doğurması	: an occurence (incident) producing grave consequences
sahip	: owner
birinin elinden kaçmak	: to escape from someone's hands
tavuk	: hen, chicken
delik	: a hole
deliğe girmek	: to get into a hole
fantezi	: fantasy
yetkili makamlar	: responsible authorities
bölge	: region
arkeoloji açısından	: from the angle of archaeology
çekici	: attractive
arkeolog	: archaeologist
kazmak	: to dig
doğal yeraltı mağaraları	: natural underground caves
yerin dibine doğru yapılmış modern bir apartman	: a modern apartment block built inside the earth
Odalar tünellerle birbirine bağlanmıştı	: The rooms were connected by tunnels.
Derinlerde henüz ulaşılmamış birçok katın da bulunduğu anlaşıldı.	: It is understood that deep underground are more layers which have not yet been reached.
barınmak	: to shelter
Odalar, içinde bir ailenin barınabileceği kadar büyüktü.	: The rooms were big enough to shelter a family.
bir şeyi incelemek	: to investigate (examine) something
mucize	: miracle, marvel
havalandırma sistemi	: ventilation system
ısının sabit kalması	: the heat staying constant
kayaların yapısı	: rock formation
yumuşak	: soft
makina kullanmak	: to use a machine
bir şeyi oymak	: to gouge (hollow) out something
basamak	: step(s)
dehliz	: corridor
bağlantı	: connection, joining
mutfak	: kitchen
dinlenme yeri	: resting place
toplantı salonu	: meeting room (hall)
depo	: depot, store-room
Tünellerin genişliği 60-100 cm arasında değişmekteydi.	: The tunnels varied between 60 and 100 cms. in width.
kömür madeni	: coal mine
oyma tekniği	: scooping out (engraving) technique
keşfetmek	: to discover
değirmen taşı	: grindstone
vinç	: winch
bir şeyi yerinden oynatmak	: to move something
bir şeye dokunmak	: to touch something
Romalılar	: The Romans
birilerinden kaçmak	: to escape from some people

saklanmak	: to hide
128 Geçmişe gittikçe olayın gizemi artıyor	: As more and more of the past is gone into, the event gets more and more mysterious.
Tanrıların arabaları	: the chariots of the Gods
şu adlı kitabıyla bütün dünyada tanınan şu adlı kişi	: so-and-so writer world famous for writing so-and-so book.
Hıristiyanlığın ortaya çıkışı	: the emergence of Christianity
imkanı olmak	: to have possibility
Bu yerleri yapanların korkuları çok başkaydı.	: The fear of the people who made these places was quite different.
Korkularının sebepleri savaştıkları insanlar olamaz.	: The reasons for their fear could not have been the people they were fighting.
yenilmek	: to be defeated
kaçmak	: to escape
Zayıf olan taraf ya yenildi ya da kaçtı	: Those on the weak side either were defeated or ran away.
yerin altını kazmak	: to protect (themselves) against their foes.
yerin altına yerleşmek	: to settle underground
birine saldırmak	: to attack someone
havadan gelen saldırılar	: attacks from the air
İnsanlara havadan saldıranlar kimlerdi?	: Who were the people attacking from the air?
dünyayı idare etmek	: to rule (govern) the world
uzaylı	: spaceman
bir şeyi iddia etmek	: to claim (assert) something
mükemmel	: wonderful
sığınak	: shelter, refuge
bir şeyi ileri sürmek	: to put forward something
bir yerde barınmak	: to shelter, take harbour, live somewhere
inanç	: belief
tarihi ve bilimi altüst etmek	: to upset history and science
tez	: thesis
dede	: grandfather
birinden bir şey duymak	: to hear about something from someone
öykü	: tale, story
öykü anlatmak	: to tell a tale (story)
bir yeri beğenmek	: to like somewhere
bir yere yerleşmeye karar vermek	: to decide
göklerden gelen ziyaretçiler	: visitors from the skies
Bunlar kötü cinlermiş ve amaçları iyi melekleri yok etmekmiş.	: It is said these are evil jinns and their aims are to eliminate the good angels.
çarpışmak	: to clash
biriyle baş etmek	: to overcome (manage) someone
sihirli	: magic
nurdan ışıklar halinde göğe yükselmek	: to assend skywards amidst a shaft of holy light
Hindistan	: India
Meksika	: Mexico
Kolombiya	: Colombia
bir yeri turistik bölge olarak kabul etmek	: to accept a place as a touristic area
rehber	: a guide
enteresan	: interesting
Fakat hepsi yetersiz.	: However, they are all inadequate.
Yeraltı kentlerinin sakladığı gizem çözülemiyor.	: The hidden mystery of the underground cities cannot be solved.
Yerin üstündeki sorunlardan, bir türlü yerin altına sıra gelmiyor.	: There are so many problems above ground that the turn of those under the ground never comes up.

DİLBİLGİSİ	: GRAMMAR
Meslek adları yapan ek -cı (-ci,-cu, -cü)	**Suffixes changing a noun into the name of a trade or profession -cı (-ci, -cu, -cü)**

130

boya	: paint, dye
boyacı	: painter
boyacı bütün duvarları boyadı	: The painter has painted all the walls.
iğne	: needle, pin, injection
iğneci	: health visitor who does injections
Hastaya iğne vurması için bir iğneci çağırıldı.	: An "injection"-man was called in to give the patient an injection.
odun	: wood (for burning)
oduncu	: wood cutter, seller
göz	: eye(s)
gözcü	: eye specialist
aş	: food, meal
aşçı	: chef
diş	: tooth (teeth)
dişçi	: dentist
yoğurt	: yoghourt
yoğurtçu	: yoghourt-seller
süt	: milk

Türkçede bazı meslek adları -cı ekini almaz	: **Some nouns of proffessions do not take -cı suffix**
şoför	: driver
terzi	: tailor, seamstress
bakkal	: grocer
kaptan	: captain
pilot	: pilot
manav	: greengrocer

-cı (-ci, -cu, -cü) eki bir işin devamlı yapıldığını bildiren ad ve sıfatlar yapar.	: **-cı (-ci, -cu, -cü) endings showing that the action is done persistently or continually**
yalan	: lie
yalancı	: liar
geri	: back, backward
gerici	: hidebound
uyku	: sleep
uykucu	: sleeper
barış	: peace
barışçı	: peace-maker
inat	: stobbornness, obstinacy
inatçı	: stubborn person
yardım	: help, assistance
yardımcı	: helper, assistant
kin	: spite, malice
kinci	: spiteful, malicious (person)

-lık (-lik, -luk, -lük) Bu ek -cı meslek eki üzerine gelerek meslek kavramı veren kelimeler yapar.	: **-lık (-lik, -luk, -lük) this suffix added after the -cı for person in that proffession, makes it the science, art or skill of.**
boyacı	: painter
boyacılık	: the art (skill) of painting
dişçi	: dentist
dişçilik	: dentistry
oduncu	: woodseller
odunculuk	: woodselling
gözlükçü	: optician
gözlükçülük	: opticianship

-lık eki meslek bildiren kelimelerden sonra gelir.	: **The suffix -lık comes at the end of the word showing the profession or skill**
131 doktor	: doctor (medical)
doktorluk	: the science of medicine
terzi	: tailor
terzilik	: tailoring
avukat	: lawyer, advocate
avukatlık	: the science of advocating
-lık eki somut adlara gelerek yer adları bildiren kelimeler yapar.	: **the -lık suffix makes concrete nouns into a place connected with the noun**
taş	: stone
taşlık	: stony-place, stone entry hall
kitap	: book
kitaplık	: bookcase (shelf)
kömür	: coal
kömürlük	: coalcellar
zeytin	: olive
zeytinlik	: olive-grave
-lık eki adlardan sonra gelerek soyut adlar yapar.	: **the -lık ending makes nouns abstract**
insan	: human being, mankind
insanlık	: humanity
Müslüman	: Moslem
Müslümanlık	: Moslemhood, the state of being a Moslem
çocuk	: child
çocukluk	: childhood
güven	: trust, reliance
güvenlik	: security, confidence
-lık eki sıfatlara gelerek soyut adlar yapar	: **the -lık ending changes adjectives into abstract nouns**
büyük	: big, large
büyüklük	: bigness, largeness
güzel	: beautiful
güzellik	: beauty
ucuz	: cheap
ucuzluk	: cheapness
uzak	: far, distant
uzaklık	: distance
-lık eki adlardan sonra gelerek alet adları yapar	: **the -lık ending after nouns makes the apparatus pertaining to the noun**
kulak	: ear
kulaklık	: earphones, hearing-aid
meyve	: fruit
meyvelik	: orchard, grove of fruit trees; fruit plate
tuz	: salt
tuzluk	: salt dish
göz	: eye
gözlük	: spectacles, eye glasses
-lık eki adlardan sonra gelerek elbise adları yapar	: **the -lık ending after nouns changes it into apparel**
sabah	: morning
sabahlık	: morning-gown (robe)
gece	: night
gecelik	: nightgown
yağmur	: rain
yağmurluk	: raincoat
gelin	: bride
gelinlik	: bridalgown

46

	Yüksek Ökçeler	:	**High Heels**
134	dul	:	widow, widower
	dul kalmak	:	to become a widow/widower
	zengin	:	rich
	koca	:	husband
	kocaya varmak	:	to take a husband
	izdivaç	:	marriage
	izdivaç denen şeyden nefret etmişti.	:	She hated the thing called marriage
	hemen hemen	:	almost
	erkek hayali	:	an image of a man
	zihin	:	mind
	romatizma	:	rheumatism
	balgam	:	phlegm
	pamuk	:	cotton
	vantuz	:	a kind of glass (or cup) used in olden times for treating rheumatic pains by creating a suction vacuum against the skin
	tentürdiyot	:	iodine
	yığın	:	heap, pile
	pis	:	dirty
	abus	:	grim, morose, peevish
	lanet	:	a curse
	heyüla	:	huge and ugly
	ihtiyarlamak	:	to grow old
	dert	:	grievance, trouble
	dert çekmek	:	to suffer
	haykırmak	:	to protest loudly
	merak	:	great interest
	temizlik	:	cleanliness
	namusluluk	:	honesty
	hizmetçi	:	maid, servant
	evlatlık	:	adopted child
	aşçı	:	cook
	birini tıraş ettirmek	:	to have someone shaved
	zavallı	:	poor thing
	tepeden tırnağa	:	from top to bottom
	birini bir şeye mecbur etmek	:	to oblige someone to do something
	namuslu olmak	:	to be honest
	kiler	:	pantry, cellar
	bir yeri kitlemek	:	to lock something
	parası meydanda durmak	:	for money to lie in the open
	işi gücü	:	her job (occupation)
	teftiş etmek	:	to inspect
	habire	:	to keep doing something
	tavan arası	:	between the ceiling and the roofing
	birisiyle görüşmek	:	to talk to someone on something
	uşak	:	servant, valet
	El, insanı azdırır.	:	The hand can provoke.
	nasihat	:	advice
	bir şeyi noktası noktasına tutmak	:	to keep something to the last drop
	arka bahçe	:	back garden
	hemşeri	:	fellow-countryman
135	günde on defa	:	ten times a day
	yapayalnız	:	all alone
	tencere	:	pot
	yüksek ökçe	:	high heel
	tombul	:	plump, fat
	cıvıl cıvıl	:	gay, merry
	boyu kısa olmak	:	to be short in size
	bir karışa yakın ökçeli iskarpinler	:	shoes with heels almost a handspan high
	adeta	:	as though, like a
	cambaz	:	acrobat
	merdivenleri bir hamlede inmek	:	to go downstairs in a dash
	ayağı burkulmak	:	to sprain one's ankle
	aşağı yukarı koşmak	:	to run up and down

başdönmesi	:	dizziness
doktor çağırmak	:	to call a doctor
rahatsızlık	:	indisposition
rahat	:	comfortable
yünden	:	from wool
yumuşak	:	soft
terlik giymek	:	to put on slippers
hiç bir şeyiniz kalmaz	:	you will fully recover
doktor tavsiyesi	:	doctor's advice
hakikaten	:	really
diz	:	knee (s)
baldır	:	calf (of the leg)
sızı	:	tingling pain
vücut	:	body
ruh	:	spirit
derin bir azap duymak	:	to feel torment
birdenbire	:	suddenly
ahlakı bozulmak	:	to become corrupt
diş fırçası	:	toothbrush
reçel kavanozu	:	jam jar
sahan külbastısı	:	broiled cutlet in a shallow cooking pan
onbeşten fazla	:	over fifteen
hırsızlık	:	theft
yolsuzluk	:	impropriety, abuse of
paşa	:	General
nefer	:	a private (in the Forces)
lenger	:	large, shallow, copper dish
pirinç pilavı	:	rice
hiddetlenmek	:	to be infuriated
ne yapacağını şaşırmak	:	to be confused as to what to do
her tarafı kilit kürek altına almak	:	to put everything under lock and key
bir şey çalmak	:	to steal something
geç kalkmak	:	to get up late
gözü birşeye ilişmek	:	to notice something
nefesi durmak	:	to stop breathing
iskemle	:	chair
iskemleye çökmek	:	to fall into a chair
kol	:	arm
bel	:	waist
halattan bir kemer gibi	:	like a belt made of hawser
levha	:	scene (here)
rezalet	:	ignominy
gözleri kapanmak	:	for the eyes to shut
birisinin konuştuklarını duymak	:	to overhear what someone is saying
şeker	:	sweets
şapırtı	:	splashing or smacking noise
helva	:	helva
sual	:	question
birine yakalanmak	:	to be caught by someone
birini kovmak	:	to dismiss (throw out) someone
çırpınmak	:	to struggle, to make convulsive movements
hasbihal	:	friendly chat
yüreği çarpmak	:	to have palpitations
kımıldamak	:	to move
mufassal	:	detailed
birşeye dayanamamak	:	to be unable to bear (endure) something
sadık	:	faithful, loyal
birini kapı dışarı etmek	:	to throw someone out, to dismiss
arsız	:	insolent, importunate
yüzsüz	:	bold, barefaced, shameless
adamakıllı	:	thoroughly efficient
mal mülk	:	assets and property
sıkıntısı olmamak	:	not to have trouble
zayıflamak	:	to get thinner
sararıp solmak	:	to get pale

48

benzine kan gelmek	: for blood to come back into the face
vakıa	: in fact
yüreği rahat olmak	: for the heart to feel (be) content

12 UÇANDAİRELER   : FLYING SAUCERS

136 olay	: event, incident
havanın kararması	: the falling of dusk (darkness)
bir binanın inşa halinde olması	: for a building to be half built
çok parlak	: very shiny
yeşil bir ışığın varlığı	: there being a green light
fark etmek	: to notice
derhal	: immediately
gökyüzüne bakmak	: to look at the sky
ışıklı bir cisim	: an illuminated object (shape)
hareket etmek	: to move
bu yüzden	: for this reason
uçak	: aeroplane
helikopter	: helicopter
bir anda	: suddenly
görgü tanıkları	: witnesses
panik havası	: state of panic
kendini toparlamak	: to pull oneself together
güvenlik kuvvetleri	: security forces
olay yeri	: scene of the incident

Jandarma Komutanı geliyor...	: **The Gendarmery is coming**
jandarma	: gendarmery, gendarme
komutan	: commander
durum	: situation
telsiz	: wireless, walkie-talkie
karakol	: police-station

Cisim Konya'ya doğru gidiyor..	: **The Object Flies towards Konya**
bir süre sonra	: a little later, soon
esrarengiz	: mysterious
bir yıldızın kayması gibi	: like a shooting star
Konya yönüne doğru	: in the direction of Konya
uzaklaşmak	: to get further away
dona kalmak	: to be petrified

Yüzbaşı Çelen anlatıyor...	: **Captain Çelen narrates...**
137 bir olay yaşamak	: to live through an experience
fabrika yakınında	: near a factory
petrolcü	: petrol seller
yol boyunca	: right along the road
ağır ağır ilerlemek	: to move forward gradually
uygun	: suitable, convenient
rampa	: ramp
dakikaları saymak	: to count the (passing) minutes
araba farı	: vehicle head lights
sinyal vermek	: to give a signal
bir top gibi	: like a ball
hızla büyümek	: to get rapidly bigger
çapı yüz metreye yakın	: it was about 100 metres in diameter

Bahçeye inen helikopter(.)	: **The helicopter which landed in a garden**
uçandaire	: flying saucer
başlıca kahramanlar	: the (main) heroes
gözüne uyku girmemek	: not to be able to sleep
hayal görmek	: to have an illusion
şüphe içinde olmak	: to be suspicious
yolun kenarındaki tarla	: the field beside the road
tarla sürmek	: to plough a field
bir şeyin ezilmesi	: the flattening down of something
birinin yakalanması	: for someone to be caught
merkez karakolu	: Police Headquarters

korkudan tir tir titremek	: to tremble with fear
görevli memur	: official on duty, policeman
kimlik	: identity
bir şeyin gününü vermek	: to tell the exact (precise) day
vali	: governor of a province
kaymakam	: governor of a district
alay komutanı	: Regimental Commander
çiftlik müdürü	: manager of a farm
dürbün	: binoculars

Tarlada buluşma...	: **A meeting in the field**
basın	: the Press
müthiş	: wonderful, extraordinary
açıklama yapmak	: to declare, to make a statement
gözlem	: observation
trafik arabaları	: Traffic-squad cars
renkli ışıklar saçmak	: to flash out coloured lights
açıkça	: openly, clearly
yere inmek	: to land
bir şeyden şüphesi olmamak	: not to be suspicious
cip	: jeep
mesafe	: distance
İçimi bir ürperti kapladı.	: I was overwhelmed with fear
devam etmek	: to continue
bilinmedik bir güç	: an unknown power
ışığın azalması ve kaybolması	: the lessening, then fading away of the light

Yetkililer suskun...	: **The Competent Authorities are silent**
yeni yıla girmek	: to enter a New Year
1981 yılı sonlarında	: towards the end of 1981
1982 yılı başlarında	: towards the start of 1982
il jandarma komutanı	: Commander of the Provincial
bir cismi dürbünle gözlemek	: to watch an object with binoculars
elips biçiminde	: in the shape of an elipse
kırmızı	: red
mavi	: blue
yeşil	: green
ışık saçmak	: to throw (flash) out light
Kd.Yzb.	: Senior Lieutenant
ilçe emniyet amiri	: Superior in the Security of the provincial district
milli eğitim müdürü	: Director of national Education
basın mensupları	: members of the Press
dürbünle gözlemde bulunmak	: to observe with binoculars
birini yalanlamak	: to call someone a liar
uçan nesne	: flying object
mülkî ve askeri yetkililer	: civil and military authorities
olayların içinde yer almak	: to be involved in an event
gittikçe artan	: to increase gradually
suskunluğa bürünmek	: to be enveloped in silence
bilim adamları	: scientists
bir şeyi olmamış kabul etmek	: to pretend nothing has happened
bir yere atanmak	: to be assigned

HÜLYALARIN ŞİİRİ	**DAYDREAMS**
138 uzun	: the long night
nasıl geçer	: how will... pass
başka türlü	: any other way
hülyalar	: daydreams
haydi dedim	: "Come on" I said
fırsat bu fırsat	: this is just the right time
başka alemlere götürmek	: to take into another world
Uzak Doğu	: the Far East
kendini bulmak	: to find oneself in
arabacı	: man drawing a rickshaw (here)
çekçeğini sürmek	: to draw his rickshaw

Tibet	: Tibet
Dalay	: Dalai
lâma borusu	: lama pipe
üfürmek	: to blow
tepe	: hill, mountain
Everest	: Mount Everest
altındaki dağlar	: the mountains below
nokta kadar	: as tiny as dots
vahşi ve hür	: wild and free
türkü	: song
rüzgâr	: wind
şimşek	: lightening
hızla akmak	: to flash swiftly
yanımdan	: by my side
bu da iş mi?	: Is that something?
seccade	: a small prayer mat
inmek	: to descend
başka diyar	: another country
unutmak	: to forget
varlıkları görmek	: to see the opulence (wealth)
darlık	: scarcity
bir güzelim şehir	: a beautiful city
gökyüzü berrak	: the sky, limpid
mesut insanlar kaynaşır	: where happy people gather
lambayı yakmak	: to light the lamp
sisli	: misty
çıplak oda	: a bare room
ben kim oluyorum da	: who am I to...!

BİZ BU EVE TAŞINMADIK MI?	: **HAVEN'T WE HOVED TO THIS HOUSE?**
139 eve hırsız girmesi	: the burgling of the house
köşe bucak karıştırmak	: to mix up everything
yükte hafif, pahada ağır	: the load light, the value heavy
yorganı başına çekmek	: to draw the quilt over the head
göz ucuyla bir şey seyretmek	: to watch something from the sides of the eyes
bu işin sonu nereye dek varır	: Where will this all lead to?
her tarafı yoklamak	: to check everywhere for
sezdirmek	: to make someone feel (notice)
birini izlemek	: to follow someone
yükü içeri taşımak	: to carry the load inside
adımını içeri atmak	: to step inside
şaka yollu	: sarcastically (here)
bir yere taşınmak	: to move house

DİLBİLGİSİ	: **GRAMMAR**
Eylemden ad yapan ekler	
-gıç (giç, -guç, -güç)	: **Suffixes changing verbs into nouns (-gıç (-giç, -guç, -güç)**
140 dalmak	: to dive
dalgıç	: diver
bilmek	: to know
bilgiç	: pedant; a learned man, a man of knowledge
başlanmak	: to start
başlangıç	: start, beginning
başlangıç noktası	: starting point

-k (-ık, -ik, -uk, -ük)	: **-k (-ık, -ik, -uk, -ük)**
141 istemek	: to request
istek	: a request
yanmak	: to burn
yanık	: a burn
yitmek	: to be lost
yitik	: lost
bozmak	: to spoil
bozuk	: spoiled, broken-down, out of order
sökmek	: to undo, unravel

sökük	: for (seam) to come apart, undone
istekleri yerine getirmek	: to fulfil the wishes of
yangın	: (on) fire
vücudun yanıklar içinde kalması	: for the body to be full of burns
bozuk araba	: a car which is out of order
bir şeyi tamire götürmek	: to take something for repair
sökük pantolon	: trousers with undone seams
bir şeyi dikmek	: to sew something
-ak (-ek)	: **-ak (-ek)**
uçmak	: to fly
uçak	: aeroplane
taramak	: to comb
tarak	: a comb
yatmak	: to lie down
yatak	: bed
dönmek	: to turn
dönek	: fickle
ürkmek	: to be daunted (afraid)
ürkek	: skittish, timid
uçağın havalanması	: for a plane to take off
saçları taramak	: to comb the hair
sert yatak	: a hard bed
-n (-ın, -in, -un, -ün)	: **-n (-ın, -in, -un, -ün)**
basmak	: to print
basın	: the Press
sormak	: to question
sorun	: a question, problem
dizmek	: to put in order, or series
dizin	: index
tütmek	: to give out smoke
tütün	: tobacco
bir olaya geniş yer vermek	: to give a good space to an event
-ıcı (-ici, -ucu, -ücü)	: **-ıcı (-ici, -ucu, -ücü)**
satmak	: to sell
satıcı	: a seller
geçmek	: to pass
geçici	: temporary
tutmak	: to hold
tutucu	: conservative
üzmek	: to annoy, to trouble
üzücü	: causing trouble
geçici bir öfke	: a temporary rage
-t (-ıt, -it, -ut, -üt)	: **-t (-ıt, -it, -ut, -üt)**
taşımak	: to carry
taşıt	: vehicle
yakmak	: to burn
yakıt	: fuel
geçmek	: to pass (by, through, over), to cross
geçit	: mountain pass, passage
konmak	: to settle on (in), to alight
konut	: residence, house
öğmek	: to praise
öğüt	: advice
trafik sorunu	: traffic problem
yakıt sıkıntısı	: shortage (scarcity) of fuel
konut sorunu	: housing problem
öğüt vermek	: to advise

DÜŞÜNCEYİ OKUYORLAR : **THEY READ YOUR THOUGHTS**

143 bilim dalı : branch of science

parapsikoloji : parapsychology

insanın kendi öz güçleri	:	one's own powers
bilimin gelenekselliği	:	traditionalism of science
resmen kabul edilmek	:	to be accepted officially
yetenekleri değerlendirmek	:	to evaluate abilities
araştırmak	:	to search thoroughly, to investigate
bir şeyi çözümlemek	:	to solve something
talep	:	request, demand
yasal	:	legal
bilim dünyası	:	the world of science
kendi kendine	:	by itself
kürsü edinmek	:	to set up a course of study
rasyonel	:	rationale
maddi	:	materialistic
düşmanca tutumlar	:	in a hostile manner, hostile behaviour
normal ötesi	:	abnormal, outside the normal
bir şeyi savunmak	:	to defend something
bir şeyin gelişmesi	:	development (improvement) of something
basit düşler	:	simple visions
soyut	:	abstract
hayali	:	imaginary, fastastic
insanları etkilemek	:	to affect (influence) people
hipnoz	:	hypnosis
tekinsizlik	:	a haunting
biyolojik "iç radyolar"	:	biologic "internal radio-waves"
etkin	:	effective
doğaaüstü güçler	:	supernatural powers
ruhsal ışınlamalar	:	spiritual radiation
kehanet	:	prediction
var olmak	:	to exist
ortaya çıkmak	:	to come into existence, to emerge
ruhsal kuvvetler	:	spiritual powers
ruhsal olayların karmaşık hale gelmesi	:	or spiritual incidents to become complicated (complex)
yöntem kargaşası	:	confusion of method
içermek	:	to include
akademik yöntem ve temellere oturtulmak	:	to be based on academic methods and bases
sınıflama	:	classification
tasnif edilmek	:	to be classified
cesur	:	brave, bold
pozitif bilimciler	:	positive scientists
çaba	:	effort
psişik olaylar	:	mental incidents
iki şey arasında köprü kurmak	:	to form a bridge between two things
öte yandan	:	on the other hand
bilime yanaşmak	:	to approach a science

Din ile bilim birleşiyor mu?	:	**Do religion and science unite?**
terim	:	term
psikoloji ötesi	:	beyond psychology
bir şey anlamına gelmek	:	to mean something
davranış bilimi	:	behavioural science
olayların gerisinde yer almak	:	for something to be behind the events
bir şeyi keşfetmek	:	to discover something
dört boyutlu	:	four-dimensional
uzay-zaman evreni	:	space-time universe
soyut enerjiler	:	abstract energies
maddî insan bedeni	:	human body
bir şeyi aşmak	:	to exceed something
olağanüstü	:	extraordinary, unusual
bir şeye anlam ve açıklama bulmak	:	to find a meaning and explanation for something
bir şey için çabalamak	:	to work hard for something
anlayış	:	understanding

Öncüler işbaşında	:	**Frontiersmen of science at work**
144 ruhçular	:	spiritualist

fizikçi	:	physicist
medyumik yetenek	:	gift of being a medium
ilk ele alınan konu	:	the first subject to be taken into consideration
yaşamdan sonraki bir yaşam	:	life after death
beyin	:	brain
bir şeyi aracı olarak kullanmak	:	to use something a means (medium)
zihin gücü	:	power of the mind (will)
başarmak	:	to succeed in something
duyu	:	sense
bir şeyi algılamak	:	to perceive something
yanı sıra	:	in addition to, besides
astral çıkış yeteneği	:	to have the ability to reach astral
insan düşüncesi	:	human thought
saklı bulunmak	:	to be concealed
varsaymak	:	to suppose, to assume
konsantre olmak	:	to concentrate
ek yeri olmayan madenî ve tahta bilezikler	:	metal and wooden bracelets without joinings
iç içe takılmak	:	to be clasped inside each other
olayları kaydetmek	:	to record events
parasal destek	:	financial support
destek sağlamak	:	to obtain support

Telepati kanıtlanıyor

Telepati kanıtlanıyor	:	**Telepathy proved**
yaklaşık	:	approximately
yarım yüzyıllık	:	of fifty years
katkı	:	contribution
konferans	:	conference
özellikle	:	especially
araştırmacı	:	investigator
bir şeyi vurgulamak	:	to emphasize something
fizik yasaları	:	physical laws
olanaksız	:	impossible
deney	:	experiment
aleyhte	:	against
kuşkucu	:	sceptic
yaklaşım	:	approach
yönlendirmek	:	to direct
görevlendirmek	:	to assign
öne sürmek	:	to put forward
bir şeyin bir başka şeye yol açması	:	for something to cause something else
düşünce fotoğrafçılığı	:	mind reading
telepati	:	telepathy
bir şeyi sistemleştirmek	:	to systematize something
alfabe	:	alphabet
Zener kartları	:	Zener cards
ürün	:	product
berrak	:	clear, brilliant
sağlıklı	:	healthy
karşılıklı tesir alışverişi	:	mutual exchange of influences
bir şeyden kaynaklanmak	:	to arise from something

Alışılmadığın korkusu	:	**The Fear of the Unaccostomed**
akılcılık	:	rationalism
bir şeyin geçersiz kalması	:	for something to remain invalid
akılötesi	:	beyond thought
yöntem	:	method
biyolojik radyo	:	biologic radio waves
denizaltı	:	submarine
uzay araçları	:	space crafts
bir şeyin denenmesi	:	to try out
az sayıda olmak	:	to be too few
üst düzey telepatları	:	Persons with high level telepathic perception
politik	:	politic (al)
ticari	:	commercial

insan ilişkileri	: human relations
kiralamak	: to hire
kuruluş	: establishment
enstitü	: institution
eğitilmek	: to be trained
beceri kazanmak	: to acquire skills
amatör	: amateur
profesyonel	: professional
bir şeye yatkın olmak	: to have an inclination towards something
bilim adamlarını bir çatı altında toplamak	: (men of knowledge) to come together under one roof
uzmanlık alanı	: field of specialty
ekip çalışması	: group work
yaklaşık	: approximately, nearly
sonuç almak	: to get results
deha	: a genius
alışılmadık olaylar	: unaccustomed unusual events
paniğe kapılmak	: to panic
sosyal	: social
korku	: fear
etkilenmek	: to be influenced

	Değişken yasalar	: **Changeable laws**
145	bir şeye ek olarak	: in addition to something
	sonuç	: result
	farklı	: different
	bir şey elde etmek	: to obtain something
	geçerlilik	: validity
	değişkenlik göstermek	: to be changeable
	yasa	: law
	şartlara göre	: according to conditions
	geçici	: temporary
	ilke	: principle
	ışık hızı	: speed of light
	ortam	: atmosphere, environment
	enerji	: energy
	itici güç	: driving force
	bilinmedik bir yer	: an unknown place
	saklı durmak	: to be concealed

Tesadüf makinesi	: **"Coincidence" machine**
görüntü	: reflection
nakletmek	: to transfer, convey
broşür	: brochure
yayımlamak	: to publish
acı	: pain
tat	: taste
koku	: smell
efekt	: effect(s)
eklemek	: to add
yansıtmak	: to reflect
fırtına	: storm
manzara	: view, scenery
ayrıntı	: detail
ısmarlama	: artificial (here)
kanıtlamak	: to prove
tesadüf	: coincidence
pano	: panel
çark biçiminde	: in the shape of a wheel
bir şeye eşdeğer	: equivalent to something
kutu	: box
rasgele	: by chance; at random
araştırma	: investigation
beşte dört oranında	: in the ratio of four fifths
isabet	: target, bull's eye

Üçlü telepati	: **Three-way telepathy**
henüz yolun başında olmak	: to be yet at the start
denek	: subject (of an experiment)
sabır	: patience
belirli	: certain
rahat olmak	: to be comfortable
deneye girmek	: to enter into an experiment
gerginlik	: stress
ferah	: contented (person)
mesaj iletmek	: to transmit a message
gevşek	: relaxed
içe dönmek	: to introvert
dünya ile ilişkiyi kesmek	: to cut off from the world
dikkati dağıtmak	: to distract attention
mesajı almak	: to receive the message
zihinsel	: mental
parazit	: interference
süzmek	: to filter
beyaz gürültü	: white sound
7 renk dalga boyu	: seven colour wave length
mesaj seçmek	: to select the message
net biçimde	: net
sesli	: aloud
berraklaştırılmış	: to have become clear
düşünceyi sözcüklere çevirmek	: to change thoughts into words

	Başarılı bir deney	: **A successful experiment**
146	içedönük	: introvert
	bir şeyi aktarmak	: to transmit something
	pergel	: a pair of compasses
	kumpas	: callipers; composing-stick
	yaradılış	: creation
	ölçüp biçmek	: to judge or weigh up something
	gönderici	: sender
	tablo	: tableaux
	not almak	: to take notes
	bir şeyi tanımlamak	: to define something
	mühürlü	: sealed
	zarf	: envelope
	zarfı açmak	: to open the envelope
	deneyin başarılması	: to succeed in performing the experiment, to bring the experiment to a successful conclusion

Düşünce özgürlüğü tehlikede	: **Freedom of thought is in danger**
başarı	: success
ekol	: discipline, ecole
çalışma biçimi	: way of working
kişilik gösterisi	: demonstration of one's personality
bir şeye dayanmak	: to be based on something
art niyet	: hidden intent
yaklaşım	: approach
çıkar çatışması	: clash of interests
tarz yaratmak	: to create a method
ileri teknoloji	: advanced technology
bir şeye ulaşmak	: to obtain something
bir şeyi ummak	: to expect something

	KÜÇÜK HABERCİ BULUT	: **MESSAGE CARRIER CLOUD**
147	bir yerden uzakta	: far from somewhere
	bir şeyi yaşamak	: to live through it
	hoş	: nice, pleasant
	başını almak	: to go away, to leave by oneself
	deli	: mad
	düşünce	: thought
	at	: horse

başıboş	:	free
köprüye çıkmak	:	to go to the bridge
etek	:	skirt
rüzgar	:	wind
kardeş	:	sister or brother
sarhoş	:	drunk
tramvay	:	trolley bus
gençlik	:	youth
haberci	:	message carrier
bulut	:	cloud
yosun	:	moss
mayhoş	:	causing sadness
bir şeyi hatırlamak	:	to remember something

13   SİGARA İÇMEYENLER CEMİYETİ : NONSMOKERS' ASSOCIATION

148 sigara içmek	:	to smoke
günde	:	a day
kaç paket	:	how many packets
birine bir şey tavsiye etmek	:	to recommend something to somebody
bir şeyi yarıya indirmek	:	to reduce something to half
bir şeyden dolayı	:	because of something
Sigara zehri almak	:	to inhale the poison of nicotine
birini bir şeyden kurtarmak	:	to save someone from something
Ben zaten günde iki paket içiyordum.	:	Anyway, I used to smoke two packets a day.
149 birini tanımak	:	to know someone
günde bir paketten fazla	:	more than a packet a day
kendi kendini aldatmak	:	to deceive oneself
sigaranın zararları	:	harmfulness of smoking
Buna rağmen nasıl içiyorlar anlamıyorum.	:	I just don't understand how they can smoke despite this.
eskiden	:	in the past
ara sıra sigara içmek	:	to smoke occasionally
hamile olmak	:	to be pregnant
sigarayı bırakmak	:	to give up smoking
dernek	:	association
bir derneğe üye olmak	:	to be a member of an association
sigarayı kolay bırakma yolları	:	simple ways of giving up smoking
cemiyet	:	association
haftada bir saat	:	an hour a week
nikotin almak	:	to inhale nicotine
bu bakımdan	:	for this reason
bir şeyin bir başka yere yararı olması	:	for something to be useful
şakacı	:	joker
geniş	:	extensive
araştırma yazısı	:	research article
gazetede yazı çıkması	:	for an article to appear in a newspaper
bir konu hakkında fikir değiştirmek	:	to change one's mind on a matter
Hangi gazetede çıktı bu yazı?	:	In which newspaper did this article appear?
pazar ilavesi	:	Sunday (magazine) supplement
insanlığa hizmet etmek	:	to serve Mankind
bir şeyi kendi üzerinde denemek	:	to experiment on oneself
sigara içen insanlar	:	smokers
insanlar üzerinde araştırma yapmak	:	to do research on human beings
Bu insanlığa yakışmaz.	:	This does not go well with humanity.
kobay	:	guinea-pig
kendini kobay olarak kullanmak	:	to use oneself as a guinea-pig
sigara yakmak	:	to light up a cigarette

"YAK BİR TANE" DEMESİ KOLAY AMA.. SİGARA ÖLDÜREBİLİR.	:	IT'S EASY TO SAY "LIGHT UP A CIGARETTE" BUT SMOKING COULD CAUSE DEATH
150 başta (öncelikle)		first of all
dudak	:	lip
dil	:	tongue

yanak	:	check
damak	:	palate
gırtlak	:	throat
akciğer kanseri	:	lung cancer
birçok hastalığın nedeni	:	the cause of many illnesses
sigara içenler	:	smokers
içmeyenler	:	nonsmokers
bir şeyin bir şeye nazaran	:	in comparison with something
yüzde 15 daha az	:	15 % less
oksijen almak	:	to obtain oxygen
unutkan olmak	:	to be forgetful
el	:	a hand
kol	:	an arm
parmak	:	a finger
bacak	:	a leg
sık görülen	:	frequently seen
kangren	:	gangrene
sigara kurbanları	:	victims of smoking
kuşku yok ki	:	there is no doubt that

Nikotin neleri etkiliyor?	:	**What are the effects of nicotine**
151 uzman		expert
sinir sistemi	:	nervous system
bir şeyi uyarmak	:	to stimulate something
bir şeyi yatıştırmak	:	to soothe
kalp hareketlerinin artması	:	increase of heart beat
bir şeye bağlı olarak	:	in connection with something
kan dolaşımı	:	blood circulation
bir şeyi hızlandırmak	:	to accelerate something
adrenalin	:	adrenalin
hormon	:	hormone
hormon salgılanması	:	**hormone secretion**
kan basıncının yükselmesi	:	rise in blood pressure
damar	:	blood vessels
böbrek	:	kidney
bir şeyden etkilenmek	:	to be affected by something
idrar üretimi	:	urine production
kandaki asit seviyesi	:	acid level in the blood
kan hücreleri	:	blood cells
birbirine yaklaşmak	:	to cluster
yapışmak	:	to stick
bağırsak	:	intestine
tembelleşmek	:	slow working (of intestines)
midedeki hazım olayı	:	digestion
iştah	:	appetite
oksijen alımı	:	obtaining oxygen
karbondioksit	:	carbon dioxide
olayların cereyan etmesi	:	for the events to take place
varlık	:	existence
bir şeyin inkar edilmesi	:	denial of something
karbonmonoksit	:	carbon monoxide
organlara gitmesi gereken oksijen	:	oxygen which should go to the organs
dikkate değer bir nokta	:	one point worth considering
sigara içenlerde, içmeyenlere göre	:	smokers in comparison with non smokers
bir şeyin doğal sonucu	:	a natural consequence of something
damar duvarları	:	walls of the blood vessels
kolesterol birikmesi	:	accumulation of cholesterol
damar çapının gittikçe daralması	:	for the vessels to constrict
yüksek basınç	:	high blood pressure
kan pompalamak	:	to pump blood into
bir şey yapmak zorunda kalmak	:	to be obliged to do something
yüksek tansiyon	:	high blood pressure
kalp elektrosu	:	electrocardiogram
elektro almak	:	to have an electrocardiogram taken
bir şeye titizlikle bakmak	:	to look at something carefully

katran	:	tar
solunum sistemi	:	respiration system
bir şeyin giderek artması	:	gradual increase of something
bir şeyi özetlemek	:	to summarize something
yatıştırıcı	:	tranquilizer
sakinleştirici	:	sedative
iştahının azalması	:	lessening of the appetite
tercih etmek	:	to prefer
madalyonun öbür yüzü	:	the other side of the coin
insan sağlığı	:	one's health
bir numaralı	:	the most important, main

VÜCUDU ÇÜRÜTEN DÜŞMAN	:	**THE ENEMY WEARİNG OUT THE BODY**
152 ağız	:	mouth
boğaz	:	throat
bir şeyin başka bir şey üzerinde etki		
yapması	:	for something to have an effect on something else
dudak kanseri	:	lip cancer
amansız	:	incurable
ses telleri	:	vocal cords
bir şeyin yıpranması	:	wearing out of something
ses kısıklığı	:	hoarseness
başlı başına	:	mainly
hedef	:	target
sigara dumanı	:	smoke
koruyucu	:	protective
kıl	:	hair
bir şeyi yok etmek	:	to eliminate something
zararlı maddeler	:	harmful substances
bronş	:	bronchia
bronşial	:	bronchial
oksijen seviyesi	:	level of oxygen
zor nefes alma	:	to breath with difficulty
anfizem	:	emphysema
bir şeyin baş göstermesi	:	for something to arise
öksürmek	:	to caugh
öksürük	:	coughing
harika	:	marvelous, wonderful
mekanizma	:	mechanism
bir şeyin harekete geçmesi	:	for something to begin to act
çok sigara içmek	:	to smoke a lot
az oksijenle beslenmek	:	to be fed with little oxygen
kalbin zorlanması	:	straining of the heart
kalp kasları	:	heart muscles
organın zayıflaması	:	the weakening of an organ
kalp krizi	:	heart attack
beyin	:	brain
unutkanlık	:	forgetfulness
dikkati bir noktaya toplamak		to concentrate on one point
beyin damarlarının tıkanması	:	clogging of the brain vessels
felç	:	paralysis
ülser	:	ulcer
böbrek taşları	:	kidney stones
hamile	:	pregnant
ana rahmi	:	womb
daralma	:	narrowing of
büzülme	:	constriction
kangren	:	gangrene
yarından tezi yok	:	right away, at once
sigaradan vazgeçmek	:	to give up smoking
irade	:	will power
ciklet çiğnemek	:	to chew gum
atın ölümü arpadan olsun	:	Let the death of the horse be from its barley.
		(It is not worth depriving oneself of something one likes for fear of bad consequences.)

bir şeyle avunmak	: to be preoccupied with something
bir şeye karışamamak	: to be unable to interfere in something
yaşanmaya değer hayat	: a life worth living
Sağlık bir beden değil, bir kafa meselesidir.	: Health is not a matter of body but a matter of the mind.
Sağlığı olanın umudu, umudu olanın her şeyi var demektir.	: It means that those who are healthy have hope and that the hopeful have everything.
Sağlıktan büyük zenginlik yoktur	: There is no wealth as good as health. (Wealth cannot replace health.)

TAVŞANIN SUYUNUN SUYU	: **DILUTED RABBIT-JUICE**
153 köylü	: villager, peasant
birine konuk olmak	: to be a guest
beraberinde bir şey getirmek	: to bring something with one
tavşan	: rabbit
bir şeyi sofraya koymak	: to put something on the dining table
bir şeyi afiyetle yemek	: to eat something with good appetite
komşu	: neighbour
ses çıkarmamak	: to raise no objection to
konuk ağırlamak	: to entertain a guest
akşam yemeği	: dinner
Allah ne verdiyse yemek	: to eat whatever there is, to take pot-luck
kıpırtı	: slight movement
yiyip içip yatmak	: to eat and sleep
tas	: metal bowl
cevabı yapıştırmak	: to have a ready answer

14 **TÖMER ALANYA'DA**	: **TÖMER IN ALANYA**
154 bir şeyin hareket etmek üzere olması	: to be about to set off
öğrencileri saymak	: to count the students
eksik	: missing
dakik olmak	: to be punctual
gezi	: excursion, trip
geç gelmek	: to come late
birini beklemek	: to wait for someone
birine emir vermek	: to give orders to someone
fakültenin önü	: the front of the faculty
geciken öğrenci	: the student who was late
sıcramak	: to leap
sıçrayış	: leaping
bir yere doğru yola koyulmak	: to set off towards somewhere
saate bakmak	: to look at one's watch
ortalama	: aproximately, about
sabahleyin saat yedi sularında	: around seven in the morning
Alanya'ya varmak	: to arrive in Alanya
şarkı, türkü söylemek	: to sing songs and folk songs
dans etmek	: to dance
uyuyakalmak	: to fall a sleep, to drop off (to sleep)
kendini Alanya'da bulmak	: to find oneself in Alanya
eşyaları yerleştirmek	: to put away one's belongings
öğleye kadar	: until noon
dinlenmek	: to rest
mağara	: cave
kale	: castle
denize girmek	: to go into the sea
kayığa binmek	: to board a boat
denize açılmak	: to put out to sea
enteresan	: interesting
hayret	: astonishment, surprise
şaşkınlık	: bewilderment
rengârenk	: colourful, flambuogant
mücevher gibi	: like jewels
parlamak	: to sparkle
sarkıt	: stalactite

dikit	:	stalagmite
bir şeyi eritmek	:	to melt something
garip	:	strange
nefes almak	:	to breathe
astım	:	asthma
kür yapmak	:	to take a cure
süre ayırmak	:	to set aside time for something
sürenin dolması	:	to come to an end (period)
büyülenmek	:	to be fascinated
birini takip etmek	:	to follow someone
bir şeyin kurulması	:	setting up (founding) some thing (a building)
kıvrım	:	bend, twist
kıvrımlı	:	twisting
dolanmak	:	to twist round (something)
yavaş yavaş	:	slowly
tırmanmak	:	to climb
bambaşka	:	entirely diferent
155 bir şeyle karşılaşmak	:	to be faced with something
uçsuz bucaksız	:	vast, endless
nereye baksan su	:	wherever you look, there is water
gök ile denizin birleşmesi	:	for the sky and the sea to meet
ufuk çizgisi	:	horizon
yay biçiminde	:	in the shape of an arrow
eğri	:	curve
dünyanın yuvarlak olması	:	for the world to be round
bir şeyi gözlerinizle görmek	:	to see something with one's own eyes
bir şeyin mutluluğunu tatmak	:	to enjoy happiness of something
bir şeyin tarihini anlatmak	:	to tell the history of something
dağın eteği	:	the skirts of a mountain
portakal	:	an orange
limon	:	a lemon
muz	:	a banana
bahçe	:	a garden
birine bir şey göstermek	:	to show someone something
kale burçları	:	bastion
uçurum	:	precipice
bir şeyin bir nokta şeklinde gözükmesi	:	for something to look like a point (dot)
idam mahkumları	:	people sentenced to capital punishment
denize taş düşürmek	:	to make a stone fall (drop) into the sea
aksi taktirde	:	otherwise
birini uçuruma atmak	:	to throw someone from a precipice
hariç	:	except
deneyin başarısız olması	:	for the experiment to be unsuccessful
idamlık	:	condemned to death
suç işlemek	:	to commit a crime
günbatışı	:	sunset
bekçi	:	watchman
bir şeyin kısa adı	:	abbreviated form of something
ROBENSON	:	**ROBINSON**
156 fiyort	:	fiord
kanal	:	canal
liman	:	harbour, port
sakin	:	calm
fener	:	lighthouse
sağnak	:	shower
sinirli	:	nervous (ly), irritable
hareketli	:	active
alabildiğine	:	to the utmost
bakış	:	glance, look
benzemek	:	to look like
deniz kenarı	:	sea-side
yıkanmak	:	to have a bath
buz	:	ice
kaymak	:	to ski

ova	:	plain
söğüt	:	willow
kavak	:	poplar
sevişmek	:	to make love
bir şeyden ziyade	:	more than something
yakın	:	near
sinirli	:	veined
tüy	:	a hair
ense	:	back of the neck
sandal	:	sandals
hapsolmak	:	to be imprisoned
müsterih	:	to be at ease
çıplak ayak	:	bare-feet
lisan	:	language
koku duymak	:	to smell something
bayrak	:	a flag
kabile	:	tribe
yıldız	:	a star
boğazlaşmak	:	to be at each other's throats
kavga	:	a fight
evvel	:	before
vapur	:	steamer
ömür geçirmek	:	to spend one's life
bandıra	:	beneath the flag of
aşılanmak	:	to be grafted on
liman	:	port
dal	:	branch
bir şeyi selamlamak	:	to salute (greet) something
murabbaı	:	square
kök salmak	:	to become rooted
yaprak	:	a leaf
bir şey şişirmek	:	to blow up something until swollen
yelken	:	sail
yelkenli	:	sailing boat
şilep	:	cargo ship
mıknatıs	:	magnet
Napoli	:	Naple
bir yere yerleşmek	:	to settle down somèwhere
Vezüv	:	Vesuvius
ay ışığı	:	moon light
gladyatör	:	gladiator
makarna	:	macaroni
şarkı söylemek	:	to sing a song
arzu	:	a wish
istakoz	:	lobster
meyhaneci	:	keeper of a pub
meyhane	:	public house (pub)
çuha	:	broadcloth
kasket	:	cap
köpek balığı	:	shark
denizci	:	sailor
gönüllü	:	volunteer
bahriyeli	:	naval officer
uğrak	:	much-frequented (place)
birine iş teklif etmek	:	to offer a job to someone
buğday	:	wheat
mısır	:	corn
domuz	:	pig, swine
fanila	:	vest
berzah	:	isthmus
Uğurlar olsun.	:	Have a good trip!

HAYAT NE TATLI	:	**HOW SWEET LIFE IS**
158 öğle	:	noon
vakit	:	time
komşu	:	neighbour

kadın	:	woman
ses	:	voice
bağırmak	:	to shout
haykırmak	:	to cry out
müezzin	:	muezzin
duvar	:	wall
teras	:	terrace
kedi	:	cat
tavuk	:	hen
gıdaklamak	:	to cackle
horoz	:	cockerel
dem tutmak	:	to accompany (a piece of music)
ateşlenmek	:	to become violent, to get excited
dedikodu	:	gossip
minder	:	cushion
ayakları germek	:	to stretch out (its) legs
konsol	:	console
fanus	:	translucent globe over a light bulb
gelinlik	:	pertaining to one's bridal period
lamba	:	lamp
helezon	:	helezone
yaldızlı	:	gilded
boncuk	:	bead
kapak	:	cover
hafız	:	hafız
şemsiye	:	umbrella
dört yol ağzı	:	crossroads
bakkal	:	grocery
mezarlık	:	cemetery
arsa	:	plot of land
demiryolu	:	railway
yan yatırmak	:	to lay something on its side
salıncak	:	swing
kamburlaşmak	:	to look hunchbacked (ramshackle)
bel	:	waist
direk	:	post, pylon
bir şeyi başka birşeyle desteklemek	:	to support something with something else
teneke	:	tin
tramvay	:	trolley car
derviş	:	Dervish
kılık	:	clothes
inmeli	:	paralyzed
tren	:	train
yük treni	:	freight car
vagon	:	wagon
kâmil	:	in a quiet manner
kelle götürmek	:	to go with unnecessary haste
köşe	:	(street) corner
bir yere dayanmak	:	to lean against something
boyun bükmek	:	to bow down
kaldırım	:	pavement
birine yetişmek	:	to catch up with someone
odun	:	fire-wood
depo	:	store, warehouse
baston	:	walking stick
marul	:	lettuce
159 salata	:	salad
yola düzülmek	:	to set off
sako	:	sack coat, a loose jacket
omuz	:	shoulder
bir şeye asılmak	:	to be hung over
fes	:	fez (skullcap)
ter	:	perspiration
deniz hamamı	:	an enclosure for sea bathing
kalabalık	:	crowd

yazma	: hand-painted or hand-printed cloth
yazmacı	: maker or seller of hand-painted or hand-printed
bir şey sermek	: to spread something out
bir şey kurutmak	: to dry something
geçit	: passage, pass, throughway
mahalle	: district
istasyon	: station
kömürcü	: coal dealer
birinin ipi ile kuyuya inmek	: to depend on someone
birine, bir yere takılmak	: to be delayed in (a place) or to be waylaid by someone for a considerable length of time
kahve	: café (in this passage)
hasır	: (water) rushes
iskemle	: chair, seat
tavla oynamak	: to play backgammon
dirsek	: elbow
oyun kaybetmek	: to lose a game
yenilmek	: to be defeated
uğursuzluk	: unluckiness
zarı kırmak	: to bring bad luck to (the person whom he's sitting beside)
sabrı tükenmek	: to become impatient
birine ziyanı olmak	: to be harmful to someone
ikindi	: early evening
mangal	: fire brazier
gecelik entarisi	: night gown, nightshirt
şamhırkası	: Damascus robe
bir deste maydanoz	: a bunch of parsley
takunya	: a pair of Turkish clogs
küfe	: large, wicker basket

DENİZ TÜRKÜSÜ	: **A SEA SONG**
160 rüzgar	: wind
ufuk	: horizon
yelkenli	: sailing ship
seçmek	: to select
ömür geçirmek	: to live all one's life
sahil	: coast, shore
bir yerden uzaklaşmak	: to get away from somewhere
âlem	: world
bir yere yaklaşmak	: to approach somewhere
dalga	: wave
kıvrım	(sea) rollers
tenhalık	: solitude
çerçeve	: frame
mihver	: focal point, center
ziya	: light
derya	: sea, ocean
yol	: road, way, passage
masal	: tale
leziz	: delightful, very pleasant
uyku	: sleep
encâm	: end
hilkat	: creation
rüya	: dream
etrafın ağarması	: for the sky to lighten
som gümüş	: pure silver
şafak	: pure silver
şafak	: dawn
musiki	: music
çalkantı	: agitation; violent disturbance of the heart or mind
saltanat	: sovereignty
küre	: sphere
saniye	: a second
şüphe	: doubt, suspicion

ayılmak	: to come to (after fainting)
sarhoşluk	: drunkenness
yılmak	: to daunt
uçurum	: precipice
boşluk	: void (here death)
tabiat	: nature
ilah olmak	: to feel that he is a superior creature (like a god)
ruh	: soul, spirit (of a living person)
varlık	: existence
zevk	: pleasure, delight, enjoyment
yelken açmak	: to hoist sail, to set sail
pervasız	: fearless unafraid
son had	: utmost limit (point)
hayal etmek	: to daydream
yaşamak	: to live

	CENNET GEMİSİ	: **SHIP OF PARADISE**
161	gangava	: sponge fishing boat
	pırıltı	: sparkle, gleam
	tayfa	: crew
	güverte	: deck
	süngerci	: sponge fisherman, sponge seller
	aklını oynatmak	: to go out of one's mind
	sefere çıkmak	: to go on a cruise or a journey
	deprem	: earthquake
	ezilmek	: to be crushed
	çıldırmak	: to go mad
	birine yalvarmak	: to beg someone
	birine acımak	: to feel pity for someone
	günlük güneşlik	: sunny
	yedi renk gelin kuşağı	: bride's belt of seven colours
	eleğimsağma	: rainbow
	fors sancağı	: banner
	vardiya	: shift
162	düdük çalmak	: to blow a whistle
	peygamber	: prophet
	sık sık	: often, frequently
	buhur ağacı	: storax
	demir	: anchor; ironware
	çivi	: nail
	cakaloz topu	: a kind of cannon
	şeytan	: devil, satan
	melek	: angel
	gelin elbisesi	: bridal gown
	ranza	: bunk bed
	esmer	: dark skinned, brunette
	kara gözlü	: having black eyes
	çakır gözlü	: having grayish blue eyes
	sırma saçlı	: golden-haired
	bayat	: stale
	tavuk kızartması	: roast (fried) chicken
	hindi	: turkey
	kuzu dolması	: lamb filled with a mixture of rice, nuts, currants etc.
	akik	: agate
	yakut	: ruby
	şarap	: wine
	şekerleme yapmak	: to have a nap
	çubuk	: long, tobacco pipe
	tütün	: tobacco
	çoluk çocuk	: wife and children, family
	efkârlanmak	: to become wistful
	buğu	: fog, smoke
	şehit	: dead hero
	tellenmek	: to emit a thin plume of smock
	duman	: smoke, fumes

bir şeyden emin olmak	:	to be sure of something
muharebe	:	battle
şehit olmak	:	to die while serving one's country
savaşmak	:	to fight
zırlı	:	battleship
gülle	:	cannonball
debelenmek	:	to struggle and kick about while lying on one's back, to struggle desperately
gözleri faltaşı gibi açmak	:	to open oıne's eyes wide
işaret etmek	:	to point
eğilmek	:	to bow down, to lean over
kulak zarı	:	tympanic membrane
gürlemek	:	to roar
top	:	cannon
birine kavuşmak	:	to be reunited with someone
yalan söylemek	:	to tell a lie
son nefesini vermek	:	to die
filika	:	ship's boat
fıkara	:	poorman
pılıpırtı	:	one's belongings
inayet	:	kindness, benevolence, the grace of god
talih	:	luck
hasret	:	longing, yearning
yaş	:	tears (here)
aranağme	:	short instrumental passage between verses of a song

ALFABETİK DİZİN (INDEX)

68

69

75

TÖMER

ANKARA ÜNİVERSİTESİ
TÜRKÇE ÖĞRETİM MERKEZİ

TÜRKÇEYİ EN KOLAY VE
HIZLI ŞEKİLDE TÖMER'DE ÖĞRENİRSİNİZ

LÜTFEN BROŞÜR İSTEYİNİZ

Adres   :   Selanik Cad. 28/6 Kızılay / ANKARA
Tel   :   (312) 419 49 20 - 21 Fax : 419 49 22

TÜRKÇE ÖĞRENİYORUZ
26 KİTAPTAN OLUŞAN
DÜNYADAKİ
İLK VE TEK
DİZİDİR

TÜRKÇE ÖĞRENİYORUZ DİZİSİ

DERS KİTABI   **Türkçe Öğreniyoruz I**

Anahtar Kitaplar   Türkçe - İngilizce I
                                   Türkçe - Almanca I
                                   Türkçe - Fransızca I
                                   Türkçe - Arapça I
                                   Türkçe - Farsça I
                                   Türkçe - İtalyanca I
                                   Türkçe - İspanyolca I
                                   Türkçe - Japonca I
                                   Türkçe - Rusça I
                                   Türkçe - Hollandaca I
                                   Türkçe - Arnavutça I
                                   Türkçe - Boşnakça I
                                   Türkçe - Azeri Türkçesi I
                                   Türkçe - Kazak Türkçesi I
                                   Türkçe - Özbek Türkçesi I
                                   Türkçe - Türkmen Türkçesi I
                                   Türkçe - Kırgız Türkçesi I
KASETLER   1 Takım (3 Adet) 60 x 3 = 180 dk

DERS KİTABI   **Türkçe Öğreniyoruz II**

Anahtar Kitaplar   Türkçe - İngilizce II
                                   Türkçe - Almanca II
                                   Türkçe - Fransızca II
                                   Türkçe - Arapça II
                                   Türkçe - Farsça II
                                   Türkçe - Rusça II
                                   Türkçe - Boşnakça II
                                   Türkçe - Azeri Türkçesi II
                                   Türkçe - Kazak Türkçesi II
                                   Türkçe - Özbek Türkçesi II
                                   Türkçe - Türkmen Türkçesi II
                                   Türkçe - Kırgız Türkçesi II
KASETLER   1 Takım (3 Adet) 60 x 3 = 180 dk

DERS KİTABI   **Türkçe Öğreniyoruz III**

Anahtar Kitaplar   Türkçe - İngilizce III
                                   Türkçe - Almanca III
                                   Türkçe - Arapça III
                                   Türkçe - Farsça III
                                   Türkçe - Boşnakça III
                                   Türkçe - Azeri Türkçesi III
                                   Türkçe - Kazak Türkçesi III
                                   Türkçe - Özbek Türkçesi III
                                   Türkçe - Türkmen Türkçesi III
                                   Türkçe - Kırgız Türkçesi III
KASETLER   1 Takım (3 Adet) 60 x 3 = 180 dk

DERS KİTABI   **Türkçe Öğreniyoruz IV**

Anahtar Kitaplar   Türkçe - Kazak Türkçesi IV
                                   Türkçe - Özbek Türkçesi IV
                                   Türkçe - Kırgız Türkçesi IV